Bernd Heuer

*Es passt gerade
(nicht)
in diesem Leben*

Es passt gerade (nicht) in diesem Leben

Geschichten zum Schmunzeln und Stirnrunzeln

von Bernd Heuer

Bibliografische Information der Deutschen Nationalbibliothek: Die Deutsche National-bibliothek verzeichnet diese Publikation in der Deutschen Nationalbibliografie; detaillierte bibliografische Daten sind im Internet über dnb.dnb.de abrufbar.

Verlag: BoD · Books on Demand GmbH, In de Tarpen 42, 22848 Norderstedt Druck: Libri Plureos GmbH, Friedensallee 273, 22763 Hamburg

ISBN: 978-3-7693-0396-4

Inhaltsverzeichnis

- Mensch, Ludger!   9
- Alles Annette, oder was?   13
- Der Couchathlet, bei dem nichts mehr geht   18
- Liaison mit der Opposition   21
- Der Fall mit dem Ball   23
- Die letzten Zoten eines Despoten   28
- Als bei Meister Lampe die Sicherung durchbrannte   31
- Vertrauen trauen   35
- Immer das Leid mit den Leiden   38
- Organversagen   41
- Problemsucher, von einem Problem aufgesucht   43
- Überschwänglich unvergänglich   46
- Ein Pfarrer, der vom Glauben abfiel   48
- Es passt gerade nicht in diesem Leben   52
- Ein Fuchs wollte auf die Mäuse aufpassen wie ein Luchs   58
- Daseinsfürsorge   62

- Als sich nichts mehr drehte   65
- Kein Händchen für Hähnchen   70
- Ein leuchtendes Gemüt, das Anziehung versprüht   74
- Des Lebens Mitte, am Rande erzählt   77
- Der gute Mensch, der noch besser geworden ist   80
- Tiere sind auch nur Menschen   84
- Der Umstand mit den Umständen   89
- Optimismus ist ein Muss   92
- Pathologisch ideologisch   95
- Das Eiland, auf dem das Extreme zeitgleich sein Ende fand   99
- Latrinenballade   102
- Der Ausgewogenheit gewogen bleiben   105
- Seltsame Vögel   108
- Ungastliche Stätte, die man besser vermieden hätte   113
- Die Allgegenwart, die plötzlich erstarrt   117
- Des Unbekannten Magie ist latente Energie   121

- Als der Hofherr kurzfristig nicht mehr hofiert wurde   124
- Schicksalsmelodien   129
- Was machte das Kamedar in der Tali-Bar?   132
- Die Homogenität der Divergenz   135
- Hamster Klaus wollte zwischendurch nur mal kurz raus   137
- Das Sofa, das sorgte für ein Eklat   141
- Eine Biene, die sich befand auf der falschen Schiene   144
- Soll mich doch die Wahrheit Lügen strafen   146
- Bewusst ergeben, dem unbewussten Leben   148
- Unser Hier ist dein Woanders   151

Mensch, Ludger!

Ludger ist mal wieder
am falschen Ort,
der südliche Stadtteil hat gerufen,
aber er geht Richtung Nord.
Immer wenn er hier erwartet wird,
ist er ständig dort,
ermittelt in Sachen Kavaliersdelikt,
wenn es eigentlich geht um Mord.
Keiner verlässt das Schiff,
nur Ludger geht von Bord,
übersieht die klarsten Signale
immerfort.
Sogar einem Schweigen entnimmt
er noch ein falsches Wort.
Sein winziger Teich des Tatendrangs
ist dauerhaft verdorrt,
selbst die Bewegung seiner
Schließmuskulatur ist für ihn schon Sport.

Seine Gedankenware ist permanent
ungeeignet für den Export,
dabei produziert seine verstörende Trägheit
Achselzucken im Akkord.
Für ihn bedeutet „demnächst"
das Gleiche wie für andere „sofort".

Ludger ist eigentlich ein zufriedener
Mensch in seiner kleinen Welt,
da die große Ambition kein Platz hat
in seines Daseins mickrigem Zelt.
Es ist die permanente Reduktion,
die er für etwas Evolutionäres hält.
Das Monetäre des Lebens
für ihn überhaupt nicht zählt,
denn während der Nachbar
teure Sachen bestellt,
darf sich dieser auch noch bedienen
von den Früchten auf Ludgers Feld.

Und wenn die Unbedarftheit
ihm mal wieder ein Bein stellt,
und er in ein
selbst geschaufeltes Loch fällt,
dann nimmt er gleichmütig hin,
was andere quält.
Er fühlt sich dann
gar noch auserwählt,
weil ihn seine eigene Trotteligkeit
ausgezeichnet unterhält,
während der Hund des Stolzes
ihn verzweifelt anbellt.

Auf einer Veranstaltung nimmt Ludger
einem wichtigen Individuum das Licht,
das ihm deshalb mit einem
wüsten Faustschlag die Nase bricht.
Doch er nimmt dies sportlich, und
misst diesem Vorgang bei kein Gewicht,
denn anderen nicht im Weg zu stehen
ist schließlich seine Pflicht.

Darüber hinaus Ludger sogar noch
eine Entschuldigung ausspricht,
mit dem Tenor, dass er selbst müsse
halt besser aufpassen auf sein Gesicht.
Kurze Zeit später sich dann überdies
eine Person über ihn erbricht,
er stand mal wieder im Weg und hat dem
Betrunkenen genommen die klare Sicht.
Das tragische Schicksal übt sich bei
Ludger leider weiterhin nicht in Verzicht,
weil ihn dann am Grillbuffet unglücklich
ein abgebrochener Spieß ersticht
und ihn somit schon frühzeitig ereilt
das jüngste Gericht.
An des Himmels Pforte angelangt, nähert
er sich dieser mit größtmöglicher Vorsicht.
Ludger ist der nächtliche
Zeitpunkt unangenehm, denn stören
wolle er nun wirklich nicht.

Alles Annette, oder was?

Es meldet sich wieder einmal
die Annette,
tief ziehend
an ihrer Zigarette,
um ruhig zu erklären,
dass sie das Problem gelöst hätte.
Während für viele
das Leben ist eine unsichere Wette,
schläft die Gewissheit ganz sanft
und entspannt in ihrem Bette.
Andere sind die kaputten Birnen
in der Lichterkette,
allein ihre Leuchtkraft
führt alle Unwissenden
zu der Aufklärung heiligen Stätte.
Sie ist dabei
noch so eine Selbstlose und Nette,
der es nie geht
um der Eitelkeit glänzende Etikette.

Nie kann sie mal in Ruhe gehen
auf die Toilette,
denn die Allwissenheit jagt ihr hinterher,
hängt an ihr wie eine Klette.
Auf das, wenn es nicht anders ginge,
sie nebenbei noch die Welt rette.

Annette sagt,
ganz lapidar,
ihr war schon immer klar,
dass sie vorausschauend agiere und
somit sei ein ganz besonderes Exemplar.
Für sie ist alles Relevante
extrem präsent und stets so nah,
während andere unsicher stolpern
über den trivialen Boulevard.
Alles ist doch offensichtlich,
ganz offenbar,
was demnächst wieder bewegen wird
die große, ahnungslose Schar.

Sie kann alle Begrifflichkeiten schöpfen
aus ihrem riesigen Reservoir,
über allem schwebt
der Konjunktiv als heimlicher Star.
Während andere nicht mal das Grobe
nehmen richtig wahr,
kann sie sofort feinste Details erkennen,
da sie alles seziert, sehr granular.
Auf jedem
Besserwisser-Seminar
gibt sie immer ab
den letzten Kommentar.

Es geht mal wieder
um wichtige Details,
hoffentlich gibt Annette
diese auch preis.
Bei offenen Fragen
lediglich sie die Antwort weiß,
denn nur wenn sie die Lücke erkennt,
schließt sich der Kreis.

Nichts wird bei ihr kalt gegessen,
das Essen ist immer heiß.
In ihrer Nähe traut sich nicht zu schmelzen
das offen liegende Eis.
Die Lokomotive unserer Planlosigkeit
setzt sie auf das falsche Gleis,
lässt sie in den Abgrund fahren,
alles erfolgt auf ihr Geheiß.
Wo die Wissenschaft mühselig
erringen muss den Beweis,
kann sie locker eine gesicherte Maxime
formulieren, ganz ohne Schweiß.
Ihre unfehlbare Intuition
gibt ihr den entscheidenden Hinweis,
zum Beispiel, worauf basiert
die Langlebigkeit eines Papageis.

Als eines Tages mal wieder Menschen
werden von Widrigkeiten aufgerieben,
fragen sich diese, wo ist eigentlich die
allwissende Annette geblieben,
die fast alle
wegen ihrer Klugheit so lieben?

Es wird vermutet, dass sie
den schweren Karren der Verantwortung
konnte nicht mehr schieben,
und sie schon seit längerem ihres Potenzials
beraubt worden sei von neidischen Dieben.
Schließlich kommt heraus, dass man sie hat
perfide aus der Bastion ihrer Illusion vertrieben,
fristet nunmehr ihr Dasein in einem kleinen
Zimmer eines Gebäudes, das von einer
therapeutischen Anstalt wird betrieben.
Ihr wurden von dem behandelnden Arzt
Distanz und Demut
sowie Beruhigungspillen verschrieben.
Das Schicksal muss somit
wichtige Dinge und Ereignisse verschieben,
solange, bis Annette
ist endlich wieder gesund geschrieben.

Der Couchathlet, bei dem nichts mehr geht

Schweiß getränkt sitzt er da,
gehüllt in geripptem Edelzwirn,
laut vor sich hin fluchend, greift sich eine
feuchte Hand ständig an die Stirn.
Der träge Körper empfängt kaum mehr
brauchbare Signale vom Gehirn,
weiß nicht, ob er gerade auf der Erde
verweilt oder sich befindet
auf einem anderen Gestirn.

Unkultiviert gestikulierend, eine Melange
aus Mensch und wildem Tier,
schreit jemand herum:
„Wo bleibt denn mein Bier?"
Es nähert sich schließlich
eine feminine Gestalt als Alkoholkurier,
muss dann aber wieder schnell verlassen
das geschützte Revier.

„Das gibt es doch nicht",
schallt es bis ins weit entfernte Ohr,
um weiter zu lauschen, dass selbst der
beinamputierte Opa hätte den Ball über die
Linie bugsiert ins Tor.
Ein letzter Hauch von Contenance
verlässt den Raum und fliegt empor,
archaisches Gegröle ist des Proleten
ausdrucksstarkes Sprachrohr.

Das Getöse auch nach dem Spiel
noch andauert,
während die Frau bereits ängstlich in der
Küchenecke kauert.
Derweil eine tragische Figur
sich immer noch selbst bedauert,
steht bereit die Zwietracht,
die schon auf neue Opfer lauert.

Der sportliche und mentale
Substanzverlust,
bringt Gemüt und Gesichtszüge
in Schieflage, zu groß ist der Frust.
Doch klopft sich das präpotente
Geschöpf auf die behaarte Brust,
um die Enttäuschung zu kompensieren,
meldet sich nun die ungehemmte Lust.

Die Gattin mit offenen Armen und
geöffneter Bluse auf ihren Manne zugeht,
da dieser schon seit geraumer Zeit
gierig die Augen verdreht.
Wechseln ihre aufrechte Position,
um in der Horizontalen zu werden konkret,
verlassen jedoch beide als Verlierer das Feld,
weil die Offensive erneut nicht richtig steht.

Liaison mit der Opposition

Dem bunten Treiben
abgewandt,
verliert alles Farbige
seinen Glanz.
Was eben noch
im Innern verband,
entledigt sich im Außen
jeglicher Substanz.

Alles,
was sich lebendig fühlt,
gibt der apathischen Masse
Konturen.
Die Warmherzigkeit
wird heruntergekühlt,
damit sie nicht hinterlässt
zu heiße Spuren.

Das Versprechen
wird zunehmend sprachlos,
da das Gewissen
ihm kein Ohr mehr leiht.
Bei der Nachsicht wird geahndet
jeder kleine Verstoß,
weil die Rücksichtslosigkeit
keine aufrichtige Größe verzeiht.

Das Schmackhafte wird vom Gaumen
nicht mehr genussvoll verzehrt,
seit die Geschmacklosigkeit
ihm hat seiner Sinne beraubt.
Die Kostbarkeit
hat kaum noch einen Wert,
da der wählerische Ästhet
nur noch an das Einfache glaubt.

Der Stamm des Außergewöhnlichen
ragt nicht mehr heraus,
da dieser wird vom Sägeblatt der
Gewöhnlichkeit beständig beschnitten.
Das Bekannte kennt sich in seiner
Umgebung nicht mehr aus,
muss orientierungslos
das Fremde um Hilfe bitten.

Allem Guten müssen wir
auch etwas Schlechtes abgewinnen,
damit der Anspruch
nicht zu anspruchsvoll wird.
Denn nach jedem Erfolg
müssen wir wieder von vorne beginnen,
und erkennen, dass jeder Sieg
ist mit einer Niederlage liiert.

Der Fall mit dem Ball

Es zog einst ein Spiel
in die Ferne hinaus,
stets begleitet von einem wundersam
begehrten Objekt, dem Ball,
in der Hoffnung
auf den großen Applaus,
mit Erwartungsdruck und Luft gefüllt,
ganz prall.
Auf imposanter Bühne,
in einem riesigen, ausverkauften Haus,
ständig rotierende Künstler
verleihen der Kugel einen effektiven Drall.
Alles bewegt sich federleicht,
im Rahmen eines konstruktiven Aufbaus.
Jeder Schritt bewegt Optimismus und Emotionen,
fast immer und überall,
die sonst so stubenhockenden Sorgen
nehmen kurz Reißaus,
wenn ein begnadeter Fuß auslöst
den entscheidenden Befreiungsknall.

Etwas Rundes als rollendes Synonym
für das unruhige Leben,
was im Alltag unrund läuft,
wird einfach entlastend weg geschossen.
Das Passive wird aktiv
und muss kämpferisch alles geben,
Enthusiasmus begegnet der Verzagtheit
fest entschlossen.
Der Fluss der Routine
mündet in das Meer des frisch Erlebten.
Erfolge werden von den Beteiligten
umso mehr genossen,
wenn das Schicksal
hat jüngst viele Chancen vergeben
und in folge dessen aus vielen Augen
die Traurigkeit ist herausgeflossen.
Träume und Sehnsüchte, die
zwischenzeitlich schienen zu entschweben,
sind nunmehr wieder fest in Beton des
glückseligen Gelingens gegossen.

Das grüne Feld
mutiert zu einem heiligen Ort,
sakraler Boden lässt selbst Atheisten
ehrfurchtsvoll glauben.
Es werden alle Abtrünnigen
und Abgehängten geholt an Bord,
können zusammen in diesem Moment
den Sockel der Ungleichheit kurz entstauben.
Die sonst so häufig einsame
Gemeinsamkeit findet hier den Hort,
wo sich auch die weniger gut Betuchten
können viel erlauben.
Intensive Gefühlsarbeit
wird geleistet im Akkord,
auch wenn die Leidenschaft mal kurz abhanden
kommt, kann die Treue niemand rauben.
Aus einer anfänglich kleinen Partie
wird später großer Sport.
Normales Wasser verwandelt sich in einen
kostbaren Wein aus erlesenen Trauben.

Allgegenwärtige Faszination
bezirzt die große Masse,
die stimmungsvoll ihre Liebe intoniert
in einem riesigen Chor.
Das Spielgerät wird befördert
durch die engste Gasse
und findet konzertiert seinen Weg
ins passende Tor.
Umjubelte Protagonisten,
Anhänger feiern ihre Asse,
neue Helden zu Ikonen stilisiert,
die normale Menschen waren zuvor.
Das ehemals einfache Spiel
fördert eine elitäre Klasse,
egoistische Interessen und Kommerzialisierung
wachsen immer mehr empor.
Der ideelle Wert wurde längst vereinnahmt
von einer imaginären, exorbitanten Kasse.
Fans sind beliebig austauschbar, aber nicht
allmächtige Institutionen und der liquide Sponsor.

Auch eine breite Straße kann irgendwo
münden in eine Sackgasse,
und auch der beste Spieler
kann schießen ein Eigentor.
Irgendwann ist vielleicht nicht mehr
gefüllt die große Stadionterrasse,
weil die Anziehungskraft dieser Sportart
nicht mehr so wirkt wie einst zuvor.

Die letzten Zoten eines Despoten

Es herrscht wieder einmal Unbeherrschtheit
an des Oberhauptes prunkvoller Stätte,
da sich vehement gelockert hat
des devoten Volkes feste Kette.
Des Bandes kleinste Glieder möchten sich
nicht mehr fügen der Fügung großen Welt,
dabei ist doch der wohlmeinende Patriarch,
derjenige, der deren winziges Leben
noch zusammenhält.
Der formlosen Masse unscheinbare
Gestalten hat der Gestalter passend
geformt in seiner Palette,
hat deren unsichtbares Dasein großzügig
verliehen eine wahrnehmbare Silhouette.
Doch nun wird die Souveränität des
Souverän in Frage gestellt,
weil einigen Untertanen plötzlich nicht
mehr ihre Unterwürfigkeit gefällt.
Dabei haben der Gesellschaft einfache
Spieler doch nur verloren ihre Wette,
haben das falsche Los gezogen und
verkörpern die Verlierer
in der staatstragenden Operette.

Manch alter Feigling findet nunmehr als neuer
Held zurück auf des Mutes fruchtbare Feld,
das zuvor nur von des Potentaten
willfährigen Helfern wurde ängstlich bestellt.
Mit couragierter Leichtigkeit sägen sie an
des Unrechtsregimes schwerer Pfette,
in dessen Nähe sich vor Kurzem noch selbst
der tapferste Holzwurm nicht begeben hätte.
Des Machthabers gefährlicher Wachhund,
der sonst hat so furchteinflößend laut gebellt,
hat kurzfristig einfach mal seinen Dienst
quittiert, wurde von seinem Herrchen
um sein Leckerli geprellt.
Der Unterdrücker fühlt sich bedrückt,
kann nicht mehr unbelastet schlafen
in der Autorität starkem Bette,
indes die Kurzgehaltenen bohren immer
tiefer in der Tyrannei langem Brette.
An dem mit Angst beflockten Zaun der
Autokratie wird von der Verzweiflung
gerüttelt, sodass der Schutz langsam verfällt,
und der einst so selbstbewusste Führer,
nunmehr panisch und führungslos, hat selbst
seine treuesten Begleiter mittlerweile vergrellt.

Es richtet sich der Diktator noch
ein letztes Mal die edle Manschette,
bevor er, von Manschetten gepeinigt,
schluckt die rettende Tablette.
Ein ehemaliger Gewaltherrscher,
für den Gewalt nun nicht mehr zählt,
denn er hat, altruistisch und stolz
bis zum Schluss, einen sanften,
zwanglosen Freitod gewählt.
Gefunden hat man ihn, als sein Körper
war schon konvertiert zum Skelette.
An seinem, bereits verfilztem Revers
entdeckte man noch, die zum „Helden der
Freiheit" verliehene Plakette.

Als bei Meister Lampe die Sicherung durchbrannte

Hugo, der Hahn
und Gerda, die Gans,
mussten, zusammen mit anderen Tieren,
eines Tages notgedrungen
bilden eine Allianz.
Denn sie waren dazu gezwungen,
sich zu wehren gegen einen Hasen
namens Hans.
Dieser agierte, als Sperrspitze
der anderen Hoppler,
selbstgerecht und mit großer Arroganz,
versuchte alle Tiere in der Umgebung
zu unterjochen, um sich zu üben
in totalitärer Dominanz.
Des Weiteren gerierte er sich,
eitel und narzisstisch,
als herrschende Instanz,
um dann weiter zu betonen, dass nur er
und seine braunen Artgenossen
bedienten sich eines klugen Verstands.

Der Hase setzte sich sogar
eine Krone auf, um seinem Dasein
zu verleihen noch mehr Glanz,
und hatte darüber hinaus
außerdem aufgebaut
eine eigene Hasenrepräsentanz,
um hier zu agitieren,
dass seine Rasse
hätte eine besondere Substanz,
und dass nur er, zusammen
mit seinen Schergen, zukünftig
füllen könne der Ordnung Vakanz.
Er würde demnächst alles hierarchisch
regulieren und reduzieren der einfachen
Lebewesen Redundanz.
Das Treiben wurde schon länger
beobachtet mit gebührender Distanz,
nämlich aus der Vogelperspektive
von dem Falken Franz.
Dieser konnte die Dinge klar erkennen
durch seine visuelle Brillanz,
und spürte, selbst aus der Ferne
schon, die naheliegende Brisanz.

Er dachte nur, diesem langohrigen
Rammler muss man schnellstens treten
auf seinen kurzen Schwanz.
So gelang ihm der Aufbau
eines oppositionellen Verbands,
denn man musste diesen Entwicklungen
begegnen mit Rasanz.
Die tierischen Bewohner mussten
geschützt werden, damit die Region nicht
untergeht, wie einstmals Byzanz.
Hans und seine willfährigen Vasallen
reagierten darauf
mit ungehobelter Militanz
und forderten ihre Gegner auf
zum martialischen Tanz.
Doch hatten der Mümmelmann
und seine Bande unterschätzt
der Antipoden Performanz,
und deren starkes Bestreben,
sich zu entledigen der Unfreiheit Gewands.
Der Falke führte seine Mitstreiter
mit diplomatischer Konstanz,
sodass sie der kriegerischen Attitüde
begegneten mit besonnener Eleganz.

Der aufwiegelnde Oberhase
fiel zunehmend auf
durch seine Extravaganz,
und verlor in den eigenen Reihen
immer mehr an Akzeptanz,
sodass irgendwann sein Status
war nicht mehr von Relevanz.
Seine Artgenossen
wollten sich nicht länger hingeben
der Devianz,
sodass sie unterstützten, dass das jüngst noch
elitäre Führungstier verwiesen wurde des Lands.
Letztendlich können wir
daraus ziehen die Resonanz,
dass man demagogischen Tyrannen nie
begegnen sollte mit gutmütiger Toleranz,
denn deren Verhalten
der provokativen Dissonanz,
darf nie ausnutzen
der breiten Masse Kulanz.
Respektvoller Umgang, Gleichheit, Freiheit
und Gerechtigkeit sind die wichtigsten Posten
in einer Gesellschaft ausgeglichener Bilanz.

Vertrauen trauen

Der einsame Rufer
seinen Worten kaum traut,
weil er der Essenz des Echos
nicht glaubt.
Alle Sätze, die sich ihm nicht
sofort haben erschlossen,
werden von ihm, aufgefangen im Eimer der
Skepsis, unverzüglich wieder ausgegossen.

Das frisch vermählte Paar
hüllt sich in Schweigen,
da das verderbliche Vertrauen
hängt bereits in den Mistelzweigen.
Wo aus des Anfangs Milde eben noch
erwuchs die zarte Knospe der Zuversicht,
wird dieser von des Misstrauens Schatten
schon genommen das Sonnenlicht.

Die Naturgesetze erreichen plötzlich
des Wissenschaftlers Ratio nicht mehr,
somit läuft er entmutigt und emotionalisiert
seinem Wissen hinterher.
Seine einst so scharfen Gedanken
können die Zweifel nicht zerschneiden,
fristen trübsinnig ihr Dasein und
versuchen jegliche Klarheit zu vermeiden.

Der Überzeugung zündender Funke,
der in uns ruht,
kann auch neu entfachen
des Anderen erloschene Glut.
Wenn wir der Hoffnung und dem Glauben
nicht mehr bleiben gewogen,
fühlen sich die Geister des Argwohns
zu unschönen Taten bewogen.

Jegliches Leben,
das heute zeigt kein Vertrauen,
braucht gar nicht erst
auf das Morgen zu schauen.
Optimismus ist die Säule auf dem
die Vase der Zukunft kann sicher stehen.
Wenn diese zerbricht, können wir voller
Pessimismus in aller Ruhe untergehen.

Immer das Leid mit den Leiden

Ich glaube, ich habe mir mal wieder
den kleinen Zeh gezerrt,
und mein Körper wird erneut, wie schon
so oft, von bösen Viren verehrt.
Bei all den schlimmen Erregern
bin ich besonders begehrt,
denn mein Organismus
ist ein ständiger Krankheitsherd.
Warum trifft ausgerechnet mich
ewig der Gebrechen scharfes Schwert?
Dabei war ich bisher stets tapfer
und hat mich niemals beschwert.
Wahrscheinlich war meine Nahrung
zuletzt wieder verkehrt,
sodass mein Darm
wurde nicht vollständig entleert,
wovon fiese Bakterien profitieren,
denn diese werden dadurch prächtig ernährt.
Immer ich, dem nervigen Nachbarn
so etwas nie widerfährt,
obwohl der doch so unstet lebt
und jeden Tag erst spät heimkehrt.

Was sich wohl in diesem Moment
alles in mir vermehrt
und wieder nicht richtig
meinen Verdauungskanal durchquert?
Wäre es doch schön, wenn meiner
Gesundheit Straße wäre mal
ordentlich geteert
und mich nicht ständig
ein Bazillus-Transporter überfährt.
Peinlichst genau achte ich beständig
auf jeden kleinen Blutwert,
trage dafür Sorge, dass nichts
meine mentale Balance erschwert.
Solche Dinge haben sich doch
bei den Anderen immer bewehrt,
obwohl sich sonst kaum einer
um sein Wohlbefinden schert.
Wie viel Lebensqualität
habe ich bereits entbehrt,
dabei bin ich eigentlich stark
und habe mich stets gewehrt.

Jetzt pikst auch noch mein Bauch,
als würde mich von innen treten
ein wildes Pferd,
brauche sicherlich mehr Pillen, damit
der Schmerz nicht so schnell wiederkehrt.
Ich habe auch schon länger
nicht mehr meinen Arzt beehrt,
habe ihn in dieser Woche erst zweimal
über mein chronisches Unwohlsein belehrt.
Muss einfach mehr auf mich achten, denn
das bin ich mir und meiner angeschlagenen
Leistungsfähigkeit wirklich wert.

Organversagen

Es scheiden sich die Geister
bei einem bestimmten Organ,
denn trotz seiner Größe
spricht man seine Wichtigkeit
nur ungern an.
Insbesondere
immer dann,
wenn in uns etwas wütet
wie ein Orkan,
und wir nicht wirklich darüber
entscheiden können, wann und ob man
vernünftig
ausscheiden kann.
Dabei denken wir dann oft,
ganz spontan,
was man uns hat wohl wieder
Falsches ins Essen getan.
Unschöne Geräusche
schlagen schon einmal Alarm,
eine unaufhaltsame Verpuffung,
hoffentlich nicht zu laut
und emissionsarm.

Der hochrote Kopf
bekennt sich zu seiner Scham.
Das Alles, weil sich gereizt fühlt
der sensible Darm.

Hochsteigende Gase
sorgen für einen gekrümmten Gang,
was vorher von Relevanz war,
ist in diesem Augenblick
nicht mehr von Belang.
Ein Unwohlsein kriecht in uns hoch
und spüren nur noch einen Drang,
und wir laufen beschämt und
verklemmt den Flur entlang.
Die Nerven
liegen plötzlich blank:
„Geht es hier zur Toilette
oder nur zum Empfang?"
Dann erschnüffelt die Nase
einen beruhigenden Gestank.
Endlich angekommen am
ersehnten Orte, Gott sei Dank.

Doch oh Weh, so stark der Druck,
so groß ist auch der Andrang.
Was zu unterdrücken über Stunden
mühselig gelang,
geht jetzt nunmehr in die Hose,
und es ist nicht mehr zu überhören
der Peinlichkeit schrecklicher Gesang.

Problemsucher, von einem Problem aufgesucht

Egon und Erwin
sind mal wieder soweit,
suchen nach des Lebens Widrigkeiten,
denn sie haben gerade Zeit.
Ein einzelner kann etwas übersehen,
darum machen sie dies immer zu zweit.
Des Alltags gefährliche Tücken verstecken
sich meist in einem unscheinbaren Kleid.
Alles kritisch zu beleuchten,
darauf haben sie abgelegt ihren Eid,
denn woanders die Probleme zu finden,
erspart den Fokus auf das eigene Leid.
Von der Last sich selbst zu hinterfragen,
haben sie sich schon längst befreit.
Unbelastet halten sie ihre übersichtlichen
Talente für den unübersichtlichen
Kampf gegen Beschwernisse bereit,
weil verweigertes Heldentum
sich keiner von beiden verzeiht,
und die Gerechtigkeit schließlich immer
wieder nur nach ihren Namen schreit.

Die höhere Bestimmung gibt ihnen
permanent ihr Geleit,
darüber hinaus sorgt eine zweifache
Eingebung einfach für doppelte Sicherheit.
Jede Komplexität sich scheinbar nur
bei Egon und Erwin ein Ohr leiht,
da nur sie die sybillinischen Worte
richtig deuten können, die Anderen
sind halt nicht so gescheit,
nur in ihrem Garten das Gras
der Erkenntnis wächst und gedeiht.
Sie sind in ihrem Tun,
als kongeniale Einheit,
sich durchaus bewusst ihrer
entscheidenden Wichtigkeit,
denn es geht zumindest
um den Fortbestand der Menschheit.
Doch eines Tages entwickelt sich
zwischen den beiden ein profaner Streit,
weil sie begehren die selbe Frau
namens Adelheid,
aus dem wunderschönen
Ruhrpott-Städtchen Lüdenscheid.

Beide planen schon seit Längerem
eine zu erwartende Feierlichkeit,
fühlen sich jeweils als potenzieller
Bräutigam ihrer großen Liebe geweiht.
Doch halten sie irgendwann in ihren Händen
den gleichen schriftlichen Bescheid,
in dem, die von ihnen angebetete Dame
ihnen lapidar ihre Ablehnung mitteilt.
Dabei hatte ihnen die Vorhersehung
doch schon epochale Gefühle prophezeit,
verharren nunmehr erstarrt
in tiefer Trauer und Fassungslosigkeit.
Seit nunmehr klar ist, dass sich weder Egon
noch Erwin zuwenden möchte
die feminine Schönheit,
haben sie sich zurückgezogen in
ihre Trutzburg, Schloss „Selbstmitleid“.
Zwei unermüdliche Weltverbesserer haben
vorübergehend eingestellt
ihre selbstlose Arbeit,
denn von der Liebe verschmäht
zu werden in aller Heftigkeit,
davor sind selbst diese abgehärteten
Problemsucher nicht gefeit.

Überschwänglich unvergänglich

Das eigene, überbewertete Sein
giert immer
nach dem strahlend hellen Schein.
Wir fühlen uns nicht als Baum
im heimischen Hain,
machen uns mit der Masse
nur ungern gemein.
Fallen auf die Tricks unseres Stolzes
ständig herein.
Das Außergewöhnliche ist nur besonders,
wenn es in uns ruht allein.

Der Lichtstrahl der Zeit hat kaum Gewicht,
da dieser im Glaskörper unseres Lebens
fast nie bricht.
Die Historie hat für uns nur dann ein
wahrnehmbares Gesicht,
wenn diese unserer jetzigen
Bedeutung nicht widerspricht.
Denn alles Vergangene und noch
Kommende ist aus unserer Sicht,
nur von Relevanz, wenn es sich reimt in
unserem Gedicht.

Alles jetzt zu Erlebende
steht über dem evolutionären Leben,
denn nur in diesem Moment können wir
allem den unschätzbaren Wert geben,
nach dem etliche Generationen an
Menschen schon so lange streben.
Jedes kleine Individuum versucht sich
über die Größe der Geschichte zu erheben,
empfindet das geringste, gegenwärtige
Rütteln als schweres Beben.
Das eitle Ich versucht der Endlichkeit zu
trotzen, um übermütig die Vergänglichkeit
zu überleben.

Ein Pfarrer, der vom Glauben abfiel

Jedes Mal,
wenn er trug seinen schwarzen Talar,
fühlte er sich dem Himmel
besonders nah,
offenbarten sich ihm
die irdischen Geheimnisse so klar.
Wenn er dann andächtig stand vor dem
feierlich geschmückten Altar,
empfand er sich
als Inkarnation des Glaubens sogar.
Dem Weltlichen entrückt, imaginierte er,
wie ein Engel mit sanfter Hand
ihm fuhr durch sein volles Haar,
obwohl auf seinem Kopf
schon lange eine gähnende Leere war,
weil auch diverse Mittelchen
die Kahlheit nicht bekämpfen konnten,
ganz offenbar.

Nachdem mal wieder vergangen war,
ein weiteres nüchternes,
haarloses Jahr,
besorgte es sich ein Toupet,
ein besonders schönes Exemplar.
Als er dieses zum ersten Mal bei seiner
Predigt trug, fühlte er sich wie ein Popstar,
hatte plötzlich eine lange schwarze Mähne.
Die Kirchenbesucher hingegen wussten
jedoch nicht wie ihnen geschah,
und dachten nicht an ihren Prediger,
sondern an dessen zotteligen Avatar.
Nach dem Gottesdienst war in heller
Aufregung die konservative Schar.

Es waren dann, an einem Pfingstsonntag,
bei einer Taufe zugegen,
alle Angehörigen, die sich vom
langmähnigen Pfarrer
abholen wollten den Segen.

Süße Schreie vom zu taufenden Kind
konnten die Gemüter emotional bewegen,
indes der stolze Vater hielt es in seinem
Arm und grinste verlegen,
und selbst Petrus leistete einen Beitrag,
denn draußen prasselte der Regen.
Alle waren aufgeregt und wollten mit der
Zeremonie loslegen,
über dem flaumigen Haarschopf
des Täuflings sollte das heilige Wasser
hinweg fegen.
Auch wenn die Frisuren leiden,
Rituale muss man schließlich pflegen.
Doch während der Geistliche versuchte
den Kopf mit Nässe zu belegen,
war die Kleine darüber nicht amüsiert
und begann sich wild zu regen,
und griff nach des Pastors künstlicher
Haarpracht, um diese
scheinbar zu zerlegen,
sodass diese, kurze Zeit später,
des Kindes Haupt konnte zieren und hegen.

Der Priester, von diesem Vorfall derangiert,
ließ sich danach
vertreten von einem Kollegen,
und wandelt, nach einer zwischenzeitlich
ausgeführten Haartransplantation,
seitdem wieder auf säkularen Wegen.

Es passt gerade nicht in diesem Leben

Der Uli, von dem unruhigen Geist
der Eile getrieben, schmiert noch im Nu,
in seine verbliebene, gefärbte Haarpracht
ein effektives Trockenshampoo.
Gleichzeitig aufgeregt und beschwingt,
schlüpft er in seinen schönsten Schuh,
denn auf ihn wartet eine große Chance,
hat mit einer unwiderstehlichen Frau
ein Rendezvous.
Verheißungsvoll heißt die Dame
auch noch Scarlett Blue,
von der er bereits ein freizügiges Foto
gesehen hat,
in einem aufregend knappen Dessous.
Er möchte sie treffen in einem
schummrigen Lokal namens „Lulu",
bekannt für diskrete Abenteuer.
Pure Fleischeslust, angerichtet als
lasziv schmackhaftes Barbecue.

Darüber hinaus noch als süßes Dessert,
ein betörendes, erotisches Tiramisu,
das trägt noch einen besonders
leckeren Namen dazu.
Ein in reizvollen Strapsen gehülltes,
hübsches Paket mit dem Absender „Bijou";
dezent schmerzhaft auf schöner Haut
verewigt als freches Tattoo.
Uli, von der frivolen Begierde geweckt,
macht sich auf dem Weg,
voll erwartungsfreudiger Unruh,
hat schon vor seinem geistigen Auge
die bezaubernde Barcrew.
Von der Libido angestachelt, kann er sich
kaum gedulden, umzusetzen
den sinnlichen Coup.
Kurze Zeit später befindet er sich am
Eingang vor einem Schild, auf dem steht:
„Geschlossen, wegen Renovierung zu!"
Dies war bereits im Netz hinterlegt,
doch hat er es überlesen, partout.

Hans-Georg hätte nicht mehr damit
gerechnet, dass ihm so etwas passiert,
denn er hat ein digitales Schreiben bekommen,
mit einem wunderbaren Bild garniert.
In dem Schriftstück werden hingebungsvolle,
romantische Verse zitiert,
in denen sich die ferne Sehnsucht in naher
Zuneigung manifestiert.
Ist denn dieser entzückende Brief
auch wirklich an ihn adressiert?
Sein Leben bisher doch nur
auf Enttäuschungen basiert,
deshalb war er auch noch nie mit einem
weiblichen Wesen liiert.
Doch jetzt scheint der Zeitpunkt
gekommen zu sein, wo er mal kassiert
und sich nicht nur eine Verbindlichkeit
nach der anderen aufaddiert.
In der Welt hatte er sich bereits als nicht
wahrnehmbare Person etabliert,
als jemand, der quasi schwerelos, ohne dem
Hinterlassen jeglicher Spuren agiert.

Der Fluch des Frustes wurde nunmehr
gebrochen, da ein ihm zugewandter
Mensch auf diesem Planeten existiert,
der erkennt, dass in ihm etwas
Besonderes steckt, nach dem man giert.
Das vor Kurzem noch marode Haus des
Selbstbewusstseins ist plötzlich kernsaniert.
Die Gunst des Schicksals hat ihm spontan
eine Runde Glück spendiert.
Mit Adrenalin und positiven Gefühlen
aufgepumpt, fühlt er sich animiert,
sodass er mit epochalen Liebesschwüren
darauf schriftlich reagiert.
Leider war die so Hoffnung weckende
Nachricht nur dafür lanciert,
dass sich ein neckischer Zeitgenosse
irgendwo anonym darüber amüsiert.
Hans-Georg wartet immer noch auf Antwort,
denn er hat dies leider bis heute nicht kapiert.

Werner sich in seiner
ganz neuen Rolle gefällt,
denn er ist jetzt kein Dorftrottel mehr,
sondern ein Mann von Welt.
Jahrzehntelang ist er immer hinterher
gelaufen dem kleinen Geld,
und er nun plötzlich, völlig unerwartet, ein
großes Vermögen in seinen Händen hält.
Bisher hatte ihn der Zahlmeister
des Lebens stets verprellt,
nichts ließ sich ertragreich anbauen
auf seinem monetären Ackerfeld.
Doch jetzt, wo er seinen Lottoschein
hat mit den richtigen Zahlen erstellt,
ist er endlich mal, in einem bisher so
melancholischen Film, der Held.
Vom Statisten, dem alles Schlechte aus
exorbitanter Höhe auf die Füße fällt,
mutiert er zum Protagonisten,
über den wacht das glänzende Himmelszelt.

Fantasiereich geht er schon einmal durch,
welche Statusgüter er demnächst bestellt,
und fahndet nach dem luxuriösen Produkt,
das den langfristigen Wert und das eigene
exquisite Dasein am Besten erhält.
Bis ihn ein Anruf ereilt, der ihn mit einer
schrecklichen Ansage quält,
denn es wird ihm übermittelt, dass sein
abgegebener Tippschein nicht zählt.
Er hat zwar die richtigen Zahlen angekreuzt,
allerdings auf einem falschen Feld.
Das Unglück hat ihm mal wieder
ein Bein gestellt,
nur sein unsägliches Pech
sich immer wieder zu ihm gesellt.
So muss er weiterhin ausharren,
mit allem was ihm missfällt,
und muss nach wie vor warten, auf das
von der Gerechtigkeit versprochene
Schmerzensgeld.

Ein Fuchs wollte auf die Mäuse aufpassen wie ein Luchs

Ein gerissener Fuchs wollte,
ganz verwegen,
das Geld aller Waldbewohner
renditeträchtig anlegen.
Machte ihnen klar, dass man
nur müsse große Summen bewegen,
damit man erreichen könne
den monetären Segen.
Schließlich könne er
einwandfrei belegen,
dass er bisher immer erfolgreich war,
auf all seinen finanziellen Wegen.
Sie seien untereinander
doch alle vertrauenswürdige Kollegen
und würden
die gleichen Interessen hegen.
Kaum einer entschied sich
somit dagegen,
sodass er konnte
fast die kompletten Geldbestände pflegen.

Nachdem er in seinem Wald
die meisten hatte für sich gewonnen,
musste er auch aus anderen Hainen
noch Zuspruch bekommen.
So hatte er für sich
in aller Ruhe ersonnen,
er müsse noch mehr klotzen
und engagieren Akquisekolonnen.
Seine Helfer hatten also eifrig
ihre Arbeit aufgenommen,
der Erfolg war enorm,
kaum hatte das Werben richtig begonnen.
Es wurde gehortet das Geld
in riesigen Tonnen,
sodass der Fuchs war
vor Freude und Gier ganz benommen.
Er gab sich immer mehr hin
des Lebens kostspieligen Wonnen,
bis eines Tages das letzte Hab und Gut
war vollständig verronnen.

Der erste, der misstrauisch wurde,
war ein Habicht,
vertraute nicht mehr
dem letzten Quartalsbericht.
Rückte die darin genannten Zahlen
in ein kritisches Licht,
da diese nicht richtig zusammen
passten aus seiner Sicht.
Also ging er vehement
nach seiner Pflicht,
wollte den Fuchs aufsuchen, in der
Hoffnung, dass dieser mit ihm spricht,
um von ihm darin bestärkt zu werden, dass das
Glas der Versprechungen nicht zerbricht.
Doch hat der Greifvogel nie bekommen
diesen zu Gesicht,
und außerdem hatte er auch nie hinterlassen
eine beruhigende Nachricht,
also verklagte er ihn
und zog vor ein Gericht.

Immer mehr Waldbewohner
schlossen sich dem Habicht an,
weil niemand mehr
sein Geld zu sehen bekam.
Es machte immer mehr
die Runde dann,
dass man wohl geraten war
an einen Scharlatan.
Was am Anfang
so hoffnungsvoll begann,
endete gar tragisch
für jedermann.
Reineke Fuchs,
über den wurde ausgesprochen ein Bann,
konnte sich rechtzeitig absetzen
nach Cannes.
Doch sollte ihn dort ein Schicksal ereilen,
ganz profan,
denn er wurde überfahren
auf der stadtnahen Autobahn.

Daseinsfürsorge

Fühle mich wie erstarrt,
und werde doch,
wie von fremder Hand, bewegt.
Möchte meine Gefühle in Worte kleiden,
bin sprachlos, denn meine Stimme
ist mit Ohnmacht belegt.
Den Garten meiner Existenz,
den ich schon lange nicht mehr
habe gepflegt,
wirkt so ordentlich und einladend,
als würde er
von einer anderen Instanz gehegt.

Trotz gebräuntem Teint
komme ich mir vor,
als sei meine Fassade ganz blass.
Mein ausgetrockneter Körper
wird im Wasser ertränkt
und doch wird er nie richtig nass.

Versuche am Ärmel meines zu
eng sitzenden Hemds zu schütteln, aber
es fällt nicht heraus das entscheidende Ass.
Der Liebe Flüssigkeit in mir ist fast
in Gänze verdunstet, hoffe, dass
trotzdem jemand füllt meiner Güte Fass.

Trotzig widersetze ich mich
der aufkommenden Unruhe und
begegne dieser mit ruhiger Gelassenheit.
Die Narben werden bestens versorgt,
lindernd wirkt die Salbe der Zeit.
Ängste und andere Hemmnisse
halten sich auf Abruf bereit,
harren geduldig aus, sind hilflos
des Schicksals und Gemütes
Launen geweiht.

Die Spielfläche des Lebens ist
mal offen und lichtdurchflutet,
mal bedeckt von einem dunklen Tuch.
Auf jedes Scheitern
folgt immer der nächste Versuch.

Auch die unschönen Kapitel müssen
gelesen werden in unseres Daseins Buch.
Dabei brauchen wir zuweilen
die Unterstützung von höheren Mächten,
damit kleine Biographien werden nicht
überschattet von einem zu großen Fluch.

Als sich nichts mehr drehte

Ein Lüfter konnte irgendwann
nicht mehr verstehen,
warum sich immer alles
musste um ihn herum drehen.
Doch half ihm eines Tages
ein Versehen,
denn jemand hatte
eine Zuleitung übersehen,
sodass er und alles in seiner Umgebung
plötzlich blieben stehen.

Zum ersten Mal merkte er,
dass etwas nicht lärmend lief,
und zelebrierte die Lautlosigkeit,
die spontane Freude in ihm hervor rief.
Zur ständigen Bewegung verdammt,
laut seinem Tarif,
genoss er jetzt den spontanen Stillstand,
ganz kontemplativ.
Hatte jetzt die Muße, welche
die ständige Unruhe sonst nie zuließ.

Jahrelang
hatte er sich gedreht, so sehr,
dass er gar nicht kannte
einen niedrigen Puls mehr.
Lief dabei ständig
dem ausgeglichenen Pol hinterher.
Auf einmal war das Gewicht
der steten Last nicht länger schwer,
aus einer lebhaften Autobahn
wurde eine Ruhezone ohne Verkehr.

Das Rad des unentwegten Tuns
war blockiert,
als wäre von einer übergeordneten
Kraft alles inszeniert.
Die Hektik hatte gänzlich unerwartet
einen Streik initiiert,
als hätte sie jetzt erst
die wirkliche Erschöpfung kapiert,
nachdem der Geist des Schaffens
hatte zwischenzeitlich schon
stark hyperventiliert.

Da er musste nunmehr
keine Runden mehr drehen,
konnte er endlich konzentriert und klar
seine benachbarten Bauteile sehen.
Energie- und antriebslos machten sich
diese Sorgen um ihr Wohlergehen.
Er vernahm deren kritische Worte
und auch ein verzweifeltes Flehen,
das er jedoch konnte
überhaupt nicht verstehen.

Viele waren in ihrer Arbeit
so aufgegangen,
waren nicht mehr in der Lage,
mit einer Auszeit etwas anzufangen.
Der Lüfter indes hatte nie wirklich
an seiner Tätigkeit gehangen,
war gedanklich schon einmal die Möglichkeit
einer Umschulung durchgegangen,
aber die ständige Rotation ließ ihn bisher
noch keine ruhige Erkenntnis erlangen.

Er war froh, dass er dem
täglichen Kreislauf konnte nun entrinnen
und sich für einen Moment
konnte besinnen.
Würde für ihn ab jetzt
eine bessere Zukunft beginnen,
um dann noch mehr
an Drehmoment zu gewinnen?
Vielleicht würde er sogar
den Karriereberg zur Turbine erklimmen.

Das Aus der Anlage
war jedoch nicht von langer Dauer,
denn es schaltete sich ein,
deren genialer Erbauer.
Alle technischen Tücken,
die bisher lagen auf der Lauer,
hatte er stets sofort behoben,
denn er war immer schlauer.
Widrigkeiten würden zukünftig abgewehrt
von einer technischen Schutzmauer.

Das System, was zwischenzeitlich
gelegt war auf Eis,
wurde anschließend wieder betrieben,
abgesichert von einem autarken Stromkreis.
Während des Lüfters Kollegen sich wieder
freudig widmen konnten ihrem Fleiß,
lief dieser zwischenzeitlich
unrund und heiß,
weshalb er nunmehr für immer Ruhe hat,
da er abgeschoben worden ist
aufs Abstellgleis,
und er erst seitdem
um die Kostbarkeit einer Aufgabe weiß.

Kein Händchen für Hähnchen

Große Aufregung
herrschte eines Tages im Hühnerstall,
es ging um den Hahn im Korb
namens Hannibal.
Dieser konnte nicht mehr krähen,
auf einmal.
So kräftig er seinen Schnabel auch bewegte,
konnte er nicht erzeugen
den geringsten Schall.
Ein vorher noch eitel stolzierender
Gockel war plötzlich ein Pflegefall.

Die Hühner liefen
alle unruhig umher,
da sie am Anfang
besorgt waren, sehr.
Indes war Hannibal am Krächzen
immer mehr,
wollte unbedingt wieder leiten
den wilden Hennen-Verkehr.
Alles war so verspannt und verkrampft,
was vorher noch war so leger.

Der Hahn musste schnellstens
etwas dagegen machen
und goss sich einen hochprozentigen
Schnaps in seinen Rachen.
Doch begann dieser
bei ihm Blähungen zu entfachen,
und sein Hinterteil
ließ es dann so richtig krachen.
Die Hühner konnten nicht mehr
innehalten und bogen sich vor Lachen.

Hannibal schwoll der Kamm
vor purer Verzweiflung und Wut,
sein sowieso zu hoher Blutdruck
ließ ihn taumeln, ganz akut.
In diesem Moment wollte er
nur noch loswerden seinen Unmut,
rutschte dabei auf seinen eigenen
Exkrementen aus, die er
kurz vorher noch entlud,
fiel dabei dann ganz unglücklich
auf das arme Hühnchen Ruth.

Aufgeregt flatterten die Glucken,
ihren Kehlen entsprang lautes Geschrei,
denn sie wussten, Ruth würde
nie wieder legen können ein Ei.
Von dem Getöse alarmiert
eilte der Stallbesitzer Günter herbei,
und er ergriff weder für die Junghenne
noch für den Hahn Partei,
denn er hatte
sein schärfstes Beil dabei.

Die Ereignisse schlugen dem Federvieh
ganz schön auf die Nieren,
mussten mit ansehen, wie die beiden
konnten nur noch kopflos agieren.
Die Tiere, die sich gerade eben über
den Hahn konnten amüsieren,
wussten, ihnen könnte irgendwann
Ähnliches passieren,
und alle hatten Angst,
demnächst selbst ihren Schädel zu verlieren.

Ruth und Hannibal indes
mussten verlassen das irdische Hühnerland,
nachdem sie waren ohne Haupt
noch zwei Stunden herumgerannt.
Man hätte beide später verzehren sollen
an einem schönen Imbiss-Stand.
Es warteten darauf zwei gierige
Menschenmäuler, ganz gespannt,
jedoch hatte der Grillmeister
nicht aufgepasst,
sodass sie sind am Spieß verbrannt.

Ein leuchtendes Gemüt, das Anziehung versprüht

Gestatten,
ich bin die Elvira Sonnenschein.
Nomen est omen, denn mein Gemüt lässt
jeden Tag nur die hellsten Strahlen herein.
Es wäre überglücklich
jedes männliche Schwein,
wenn es demnächst auf meinem Teller
landen könnte als knuspriges Eisbein.
Für jedes Mannsbild bin ich
ein glänzender Edelstein,
deshalb fügen sie sich alle als Glieder
in meine schöne Halskette ein.
Bei meinen
erotischen Strapsen, hauchfein,
möchte ein jeder von ihnen
eine Faser oder Laufmasche sein,
um elegant zu
schmeicheln meinem Bein
oder will als ausgepresste Traube
geschmacklich vollenden
meinen lieblichen Wein.

Inflation an Bällen, denn sie streben
alle an, das Spielgerät zu sein
in meinem Fußballverein.
Von mir gestoßen und getreten zu werden,
wäre für sie die Lust erfüllende Pein.
Nur ich habe das Privileg,
ganz allein,
darf nämlich als einzige ausbilden
echte Lakaien.
Auch das größte Ego wird unter meinen
Fittichen wieder klein,
sorge dafür, dass jeder Philosoph
ist schnell am Ende mit seinem Latein.
Die jämmerlichen Jasager bekommen
von mir immer nur zu hören ein Nein.
Alles Wilde wird von mir erst domestiziert,
bevor es wieder zurück darf in seinen Hain.
Jegliches Sein hat sich mir unterzuordnen,
macht sich mit meinem Willen gemein.
Die gebrochenen, seelenlosen Gestalten
finden Platz in mein für sie gebauten Schrein.

Ach, wäre es doch schön,
wenn es wenigstens gäbe
ein ebenbürtiges, sonniges Männlein,
dann wäre ich ein noch
glücklicheres Weiblein,
und könnte, nur für einen kurzen Moment,
auch mal ein Schatten sein.

Des Lebens Mitte, am Rande erzählt

Jeder, der nicht eines Tages
auf seiner kleinen Insel strandet,
kann die große Welt
kaum richtig erfassen.
Denn wenn nicht hin und wieder
das Faktische versandet,
können wir unsere Gefühle nie wirklich
in die Ferne fliegen lassen.

Jegliches Erleben und Begreifen
ist besonders nah,
wenn wir uns
von dem eitlen Ich entfernen.
Jedes kostbare Erlebnis
spüren wir erst dann unmittelbar,
wenn wir
von der Distanz Demut lernen.

Nur am Ufer
der Wahrnehmungsfähigkeit
lässt sich der weite Horizont
der Möglichkeiten erschließen.
Denn wenn die winzige
Betrachtungsweise bekommt ihre Zeit,
kann sie die unendliche Größe
des Universums genießen.

Um der Masse Strömung
zu erkennen,
müssen wir uns
deren Sog entziehen.
Wir können nur objektiv die Dinge benennen,
wenn das manipulierbare Subjekt
kann zuweilen vor der
vereinnahmenden Gesellschaft fliehen.

Wir nehmen die Ränder
häufig kaum wahr,
weil wir nicht gerne
jenseits des Zentrums stehen.
Doch außerhalb des Kerns
wird die Perspektive erst klar,
sodass wir meist nur von dort aus
des Lebens Mitte wirklich sehen.

Der gute Mensch, der noch besser geworden ist

Es schwingt wieder
die große Gesinnungskeule, Mona Moral,
haut damit jedem auf die Finger, der sich
gegenüber der Sittlichkeit nicht verhält loyal.
Trotz ihres flippigen Äußeren
ist ihre Attitüde immer etwas pastoral,
das angesagte, vom Zeitgeist getragene
Liedgut wird von ihr ständig intoniert
als geistlicher Choral.
Den Schmuck ihrer Überzeugungen,
gefertigt aus extrem harten Stahl,
hat sie bisher nie abgelegt,
nicht ein einziges Mal.
Jede lapidare Aussage wird unterstrichen
von ihres Revisors Lineal.
Handelt es sich nur um eine
einfache Nummer oder ist es gar eine
unheilvolle Zahl?

Selbst das Gesunde wird zuweilen
krank gepflegt in ihrem Hospital,
auch das Offensichtliche wird unter ihr
Mikroskop gelegt, nichts ist ihr zu trivial,
denn ein winziges Detail könnte die
Keimzelle sein für ein subversives Fanal.
Als chronisch zweifelnder Mensch
tritt sie stets auf der Skepsis Pedal,
ihr mit Ethik gepanzertes Fahrzeug
rammt jedes Hindernis der
Unanständigkeit immer frontal.
Alles Verwerfliche muss sich unterwerfen
ihrem gerechten Tribunal.
Weltliche Genüsse und Gelüste,
die sich gerne betten horizontal,
werden eifernd von ihr angegangen,
voller Inbrunst, ganz vertikal,
versucht das von Begierde beschwerte Haupt
zu befreien von der Last der Amoral.

Für Mona ist selbst das Dezente und
Unscheinbare nicht neutral,
wenn sie es nicht vernünftig unterbringen
kann in ihrem, von pedantischer
Ordnung geprägtem Regal,
denn auch das scheinbar Runde
läuft nicht richtig rund in ihrem Oval.
Sie kann nicht durchschreiten
ein unbekanntes Areal,
ohne bekannt zu geben
ein besserwisserisches Signal,
untersucht penetrant alles und jeden,
wenn es sein muss auch rektal.
Doch wird Mona eines Tages erwischt,
ganz banal,
bei einem schändlichen Verhalten,
nämlich einem Diebstahl,
den sie hat gemeinsam begangen
mit ihrem getreuen Gemahl.
So müssen sie sich anschließend
einfinden in der Rechtsprechung Saal
und über sich ergehen lassen
eine Inquisition mit großer Qual.

Danach völlig gebrochen
und zerstört mental,
trägt sie seitdem einen
mit Schuld befleckten Schal.
Das Gericht zeigte sich ihnen
gegenüber jedoch sehr jovial,
sie wurden nicht verurteilt,
da die Tat war zu marginal.
Glücklicher Weise ist auch der
Rechtsstaat in der Regel sozial
und hat unparteiisch entschieden,
sehr pauschal.
Die Mona, die einst vom missionarischen
Eifer war gepackt, so radikal,
hat sich nunmehr
geändert total,
und agiert objektiv und besonnen,
sehr liberal,
und ist dadurch sogar noch ein
besserer Mensch geworden, ganz allemal.

Tiere sind auch nur Menschen

Der kleine Maulwurf Fridolin
wohnte lange auf einem Acker
nahe Berlin.
Eines Tages musste er überstürzt
aus seinem Löchlein fliehen,
da dieses wurde geflutet
vom fiesen Bauern Erwin.
Doch hat er diesem
längst verziehen,
da der clevere
und ambitionierte Fridolin,
hat sich bei der „Wald-Bank"
günstig Geld geliehen
und dies erfolgreich investiert
in Platin.
Darüber hinaus hat er gefunden
seine Jaqueline,
mit der er seit einiger Zeit residiert
in einem mondänen Loch in Wien
und hat außerdem noch gegründet
ein tierisch erfolgreiches Wohnmagazin.

Ein niedliches Eichhörnchen
namens Eberhard,
die Nase voll von Sammeln
von Eicheln und Nüssen hat.
So beschließt es spontan,
ganz smart,
dass ein anderer für es
diese suchen mag,
sodass es mehr genießen kann
den Tag.
Doch hat bisher niemand
unterschrieben einen Arbeitsvertrag.
Jetzt verzichtet es auf Nüsse,
denn diese waren ihm sowieso
immer zu hart
und ist umgestiegen
auf gesunden Blattsalat.
Derzeit hat es keine feste Nuss
mehr zu knacken, was auch vor
Zahnschmerzen bewahrt,
und außerdem ist das Grünzeug
zudem noch sehr delikat.

Der Braunbär
Rüdiger
mochte die Farbe seines Fells
nicht mehr,
also musste schnell
eine Typberatung her.
Doch obwohl sich diese bemühte,
so sehr,
tat er sich mit der Auswahl
gar schwer,
sodass er sich letztendlich entschied
für ein buntes Farbenmeer.
Danach fühlte er sich jedoch
als Paradiesvogel
und nicht mehr als Bär,
verließ sein bekanntes Revier,
lief kreuz und quer,
denn seine Artgenossen waren für ihn
nicht mehr von Begehr.
So rannte er, bis zu seinem letzten Atemzug,
nur noch farbenfrohen Vögeln hinterher.

Bruno, das raubeinige Wildschwein,
beschloss irgendwann
ein kultiviertes Wesen zu sein.
Also verließ der Keiler
den vertrauten Hain,
um das Land zu erkunden,
ganz allein.
Es zog ihn in die große Stadt,
Frankfurt am Main,
und wurde dort Mitglied
im städtischen Kulturverein.
Der einst ordinäre Eber
war plötzlich elegant und fein,
und Menschen luden ihn als
Vorzeigevieh zu ihren Feiern ein.
Doch nach einem launigen Abend
bei einem Glas Wein,
kam Bruno die Erkenntnis, dass die
menschliche Spezies nur lebt
für den hellen Schein,
strebt nur nach Größe
und hält dabei ihre Tugend klein.

So kehrte er bekehrt wieder
zu seiner Familie heim,
denn dort konnte er wieder
ein einfaches Borstentier sein.

Der Umstand mit den Umständen

Das eigene Tun
hat sich wieder einmal nicht bewährt,
doch dies auch zuzugeben
wäre gänzlich verkehrt.
Man hat zwar gesetzt
auf das völlig falsche Pferd,
aber hat sich dieses nur störrisch gegen die
eigentliche Richtigkeit gewehrt.
Soweit kommt es noch,
dass das Leben einen belehrt,
die Leichtigkeit unseres Seins wird von
dessen Lasten doch nur unnütz beschwert.
Das eigene Fahrzeug hat bisher jede
unübersichtliche Kreuzung
unfallfrei überquert,
obwohl die Straßen oftmals sind mit des
Schicksals Widrigkeiten geteert.
Ein Blechschaden, der uns
zwischenzeitlich doch mal wird beschert,
wird von der Amnesie
sofort wieder repariert, damit unser
Selbstverständnis bleibt unversehrt.

Die Währung des Anderen hat nur
dann auch einen Wert,
wenn diese uneigennützig
das Kapital unseres Egos
wirklich vermehrt.
Falls das unbekannte Korrektiv
zwischendurch einmal
anarchisch aufbegehrt,
wird es von der bekannten, allgegenwärtigen
Selbstgerechtigkeit zurückgedrängt,
sodass es möglichst nicht wiederkehrt.
Die wohlschmeckenden Mahlzeiten
werden nur zubereitet
auf dem eigenen Herd,
obwohl der fade Geschmack
einer leckeren Grundlage entbehrt.
Auch wenn durch selbstverschuldeten
Unverstand die Taschen wurden geleert,
fühlt sich unser stolzes Empfinden
nicht entehrt,
denn die falschen Umstände haben uns dreist
und verkehrswidrig von unserem korrekten Weg
abgedrängt mit ihrem klapprigen Gefährt..

Es ist leider die Uneinsichtigkeit,
die uns ständig beehrt.
Die Einsicht bleibt eine
unstete Mitbewohnerin,
die nur selten nach Hause kehrt,
weshalb uns die reflektierende
Erkenntnis bleibt fast immer verwehrt.

Optimismus ist ein Muss

Alles Helle,
was sich verbirgt
in unseres Geistes dunkler Kammer,
muss sich befreien
von der Apathie
fester Klammer.
Nur des Zutrauens kraftvolle Stimme
kann übertönen
der Verzagtheit Gejammer.

Keine Hoffnung darf so winzig sein,
dass sie sich kann
unserer Wahrnehmung entziehen.
Wenn uns der Mühsal kraftvoller Magnet
am Boden hält und uns die Leichtigkeit
nicht erlaubt zu fliehen,
müssen wir der wohlwollenden
Fügung entgegen rutschen
auf blutigen Knien.

Der Courage großes Kapital geht dann
über in unserem Besitz, das zuvor war von
uns nur in kleinen Scheinen ausgeliehen.
Der Negativität hart gezogene Linien werden
von der erwachenden Positivität weich
überzeichnet, vollendet schöne Konturen,
veredelt in glücklichen Biografien.

Der Zukunft dichten Nebelfeldern
sollten wir nie schenken
unsere klare Sicht.
Kein noch so grelles und
blendendes Licht
sollte uns ablenken,
während dessen Strahl noch bricht.
Nur der Gegenwart ehrlicher Mund
die wahren Worte
des Gegenwärtigen spricht.
Des Alltags Strenge, die uns kürzlich
noch genommen hat in die Pflicht,
wird eingedämmt von der Nachsicht Milde.
Alles Belastende verliert Ballast, erdrückt
uns nicht mehr mit seinem Gewicht.

In des Lebens warmen Quellen
darf unser Gemüt
genussvoll baden,
wenn unseres Geistes sensible Waage
wird nicht mit zu viel
Unnützem beladen.
Dann wandert unsere umsorgte Seele
beruhigt und gehegt
auf geschützten Pfaden.

Pathologisch ideologisch

Die zurückhaltende Vernunft
muss sich mal wieder beugen
der forschen Amelie.
Diese schafft es, intensiv und notorisch,
die Wahrheit zu zwingen in die Knie.
All ihre falschen Annahmen
in der bisherigen Biografie,
tangieren sie nicht, denn alles basiert
auf ihrer richtigen Theorie.
In ihrem Konzert wird immer gespielt
die schönste Sinfonie,
auch den schrägsten Tönen
entnimmt sie eine liebliche Melodie.
Die Bestimmung wird von ihr bestimmt
zurechtgewiesen, denn schließlich
führt sie die Regie.
Das Schicksal hat sich schließlich
als Komparse einzufügen
in die von ihr vorgegebene Szenerie.

Nur ihren willfährigen Befürwortern
begegnet sie mit Sympathie,
da diese nie kritische Fragen stellen
nach dem Warum und Wie,
denn nur Ignoranten könnten verkennen
ihres Geistes geniale Anatomie.
Der Gesellschaft große Masse ist
als Schafherde ahnungsloses Vieh,
fristen somit ein armseliges Dasein in
Amelies konsistenter Allegorie.
Anerkannte Experten, die voraussagen
eine baldige Pandemie,
hat sie ganz aufgeregt bezichtigt,
einer Panik verbreitenden Hysterie,
denn sie hat die Viren längst eingeordnet
in eine harmlose Kategorie.
Sollen sich die Anderen doch hingeben
einer arglosen Agonie,
dabei bietet sie noch freie Plätze an
in ihrer allumfassenden Therapie,
aber auch aus der Ferne kann sie
diagnostizieren deren Anomalie.

Was scheren einen die
mathematischen Gesetze der Geometrie,
wenn die eleganten Formen
kann zeichnen doch nur sie,
denn alles Wahrhaftige entspringt ihrer
fantastischen Fantasie.
Während sich viele lediglich üben
in Bigotterie
oder Probleme an unbekannter Stelle
suchen in der Peripherie,
hält sie nur Lösungen bereit
mit implizierter Garantie.
Die Dogmen des Lebens werden nur
gelehrt an ihrer Akademie,
sie kann des Alltags triviale Worte
konvertieren in elegante Poesie.
Durch sie findet alles Verschobene
wieder seine Symmetrie.
Alle soliden Fundamente einer
funktionierenden Demokratie,
sind für sie nur fragile Rudimente
einer fragwürdigen Utopie,
denn sie ist die Königin in ihrer selbst
ausgerufenen Monarchie.

Doch hat sie bisher nicht gefunden
ihren König in irgendeiner Kolonie,
weltoffen wie sie ist, wäre sie doch
für jeden eine gute Partie.
Allerdings müsste dieser zelebrieren
eine devote Lethargie,
denn widersprechen dürfte er dieser
dominanten, allwissenden Frau besser nie.

Das Eiland, auf dem das Extreme zeitgleich ein Ende fand

Es trafen sich neulich auf Sylt in List
diverse Menschen, so ganz nebenbei.
Jedem wohnte inne
ein kleiner Extremist,
ein jeden zierte
eine ideologische Weste aus Blei.
An vorderster Front
ein gnadenloser Kapitalist,
fühlte sich im Teich der kleinen Fische
als großer Hai.
Als Gegenpart agierte hier
ein bekennender Kommunist,
zitierte aus seiner
marxistischen Bibel so allerlei.
Für die gut Laune sorgte
ein dauergrinsender Hedonist,
hatte bis dato nie gehört
des Trübsinns lauten Schrei.
Dagegen stemmte sich argwöhnisch
ein nörgelnder Fatalist,
der stets erwähnte,
wie nah das Ende der Erde sei.

Es propagierte zwischendurch
ein peinlicher Populist,
voller Überzeugung,
dass nur er des Volkes Ängste diagnostiziere
und verschreiben könne die passende Arznei.
Dann meldete sich ganz dezent ein
naiver Pazifist,
der prangerte an,
die Gewaltbereitschaft der Polizei.
Als personifizierte heilige Instanz
sah sich ein strenger Christ,
eiferte, dass lediglich Jesus
könne beseitigen die säkulare Tyrannei.
Ihm entgegnete skeptisch
ein überzeugter Atheist,
die Religion wäre doch ausschließlich
eine reine Heuchelei.
Es gerierte sich eine braun gekleidete
Gestalt als unverbesserlicher Faschist,
trug mit stolz geschwellter Brust
ein Shirt mit seines Führers Konterfei.

Der koranfeste Islamist
predigte voller Inbrunst, dass allein
der Gottesstaat die Menschen erlösen
könne von der Ungläubigen Barbarei.
Ein in sich ruhender,
konvertierter Buddhist,
sagte, dass einzig der Dalai Lama
könne führen den Frieden herbei.
„So ein Quatsch", intervenierte aggressiv
der hochmütige Narzisst,
nur sein genialer Verstand vermöge die großen
Probleme zu erkennen bis ins kleinste Detail.
Es tönte dann ganz laut
der libidinöse Bigamist,
dass für guten Sex die Personenzahl
dürfe nie kleiner sein als drei.
Unter ihnen war auch noch
ein suizidaler Terrorist,
seit Jahren geführt
in jeder kriminellen Datei.
Seit dem Treffen werden die grenzdebilen
Wirrköpfe alle vermisst,
zumindest hat man schon einige Körperteile
gefunden, am nahegelegenen Kai.

Latrinenballade

Es war einmal
ein einsames Dixi-Klo,
das wünschte sich
Gesellschaft so
und war unzufrieden
mit seinem Status Quo.
Verlassen stand es
irgendwo im Nirgendwo
und hatte schon länger nicht mehr
gesehen einen nackten Po.
Früher, als es noch stand
neben einem Containerbüro,
in der Nähe
der schönen Stadt Bad Oldesloe,
hatten viele Menschen
dort reduziert ihr gefülltes Magendepot.
Danach fühlten sich diese dann erleichtert,
konnten wieder agieren erwartungsfroh,
und manchen geplagten Blasen
und Därmen ging es ebenso.

Damals, als es noch gehörte
zu einer WC-Kette,
war neben ihm
noch eine andere Toilette.
Mit der gab es Abwechslung und Spaß,
denn das war eine ganz Kokette,
unterhielten sich regelmäßig
über die wunderbare Welt der Rosette.
Hatten auch des Öfteren
laufen eine Wette,
wer als nächstes wieder erhalten würde
eine Sauberkeitsplakette.
Denn beide legten großen Wert
auf Etikette,
auf das sich nur ein reinliches Hinterteil
auf ihre Schüssel bette.
Wehe dem, der sich nicht
ordentlich geführt hätte,
dem wäre zukünftig verboten worden,
das Betreten dieser stillen, edlen Stätte.

Doch bieten mittlerweile
beide keinem Anus einen Platz mehr,
denn so manches Gesäß
lastete auf ihnen gar schwer.
Mancher Verdauungskanal
drückte schon sehr,
vor allem nach einem
zu ausgiebigen Verzehr.
Irgendwann fühlten sie sich
ausgepumpt und leer,
mussten Tribut zollen
dem allzu regen Darmverkehr.
Mussten einiges ertragen,
was den Menschen lag quer
und alles herunterspülen
ohne jede Gegenwehr.
Heute genießen sie,
ohne Fäkalientransfer,
den geruchsneutralen Ruhestand
nunmehr,
und befinden sich
an einem ruhige Orte am Meer,
und müssen keinem Stuhlgang
mehr schauen hinterher.

Der Ausgewogenheit gewogen bleiben

Aufrecht stehe ich
mit gebrochenem Rückgrat da,
sehe, wie neben mir das unbelastete Sein
horizontal über dem Boden schwebt.
Scharfe Konturen nehmen meine Augen
nicht mehr wahr,
weil in meinen Gedanken nur noch
das Unklare und Diffuse überlebt.

Alles Leichte
hat sich auf dem Weg gemacht,
hat mich schweren Herzens
zurückgelassen.
Die Winzigkeit, die mir gestern noch hat
großes Glück gebracht,
passt plötzlich nicht mehr
durch meines Strebens enge Gassen.

Die Gunst,
die mir sonst war so zugeneigt,
hat sich nunmehr
von mir abgewandt.
Das lange so wohlmeinende Sprachrohr
schweigt,
kann mein Gehör
nicht mehr nehmen an die Hand.

All die Güte,
die einst mein Herz hat wachsen lassen,
konnte sich nicht mehr
meinem herzlosen Unmut widersetzen.
Der Verstand, der neulich noch versucht hat,
das Ganze rudimentär zu erfassen,
ist mittlerweile nur noch in der Lage,
sich selbst zu überschätzen.

Meiner Sprachlosigkeit
konnte ich bisher stets eine Stimme geben,
doch jetzt muss ich
das Unaussprechliche permanent sagen.
Das altruistische Mantra,
sich nie über andere zu erheben,
wurde eitel von der Überheblichkeit
in die Flucht geschlagen.

Bei allem, was wir tun und lassen,
müssen wir genau reflektieren,
denn die Hybris möchte ständig
über die Dezenz dominieren.
Keines von beiden darf sich jedoch
zu sehr etablieren,
denn sonst laufen wir Gefahr,
unsere Ausgewogenheit zu verlieren.

Seltsame Vögel

Es war einmal
ein enttäuschter Star,
der kam mit seinen Artgenossen
nicht mehr klar,
denn diese hatten nicht erkannt,
ganz offenbar,
dass er einfach
etwas Besonderes war
und sich abhob
von der großen Schar.
Während sich andere tummelten
auf dem gewöhnlichen Basar,
schöpfte er alles
aus einem luxuriösen Reservoir,
denn er hatte keine Lust
auf einfachen Tatar,
wollte sich nur gönnen
edelsten Kaviar.
Bis er dann verstarb, denn er hatte
sich daran verschluckt, ganz lapidar.

Ein Taucher wollte einst erkunden
ein großes Meer,
war nur unterwegs
in flachen Gewässern vorher.
Doch tat er sich mit der Auswahl
gar schwer,
denn das klarste Wasser zu finden
war sein Begehr.
So reiste er um die Welt,
kreuz und quer,
bis ihn die anstrengende Fliegerei
stresste zu sehr,
und er stieg dann um
auf Schiffsverkehr.
Er hatte jedoch leider erwischt
den falschen Transfer,
und befand sich dann irgendwann in einem
unbekannten Gewässer, in dem er lange
planlos schwamm hin und her,
bis er schließlich von einem schuppigen
Geschöpf identifiziert wurde als Dessert.

Zwei Trompeter
hatten sich zusammengetan,
wollten gemeinsam wohnen,
so konnten sie dadurch
wichtige Kapazitäten schonen
und dabei noch regelmäßig
austauschen ihre Emotionen.
Sie machten sich daran,
ein neues Musikstück zu vertonen,
denn sie wollten sich und ihre Heimat
mit schönen Klängen belohnen.
Doch wurden sie ständig gestört
von herumfliegenden Drohnen,
die gesteuert wurden
von bösen Drogenbaronen.
Die Trompeter wurden dann
dazu gezwungen, sich zu beteiligen an
konspirativen Übergabeaktionen,
innerhalb
von bestimmten Sektionen.
Doch gaben sie irgendwann
kein Laut mehr von sich, denn man hat sie
gefunden, zerstückelt in kleinen Portionen.

Die Nachteulen waren nicht mehr
richtig bei Verstand,
lagen derangiert und zugedröhnt
am Waldesrand.
Eine schön geformte Flasche,
die sich neben ihnen befand,
war mal gefüllt
mit hochprozentigem Weinbrand.
Das Ganze wäre ja durchaus
witzig und amüsant,
wäre nicht zufällig vorbei gelaufen
ein Elefant.
Dieser hatte die beiden Trunkenbolde
nicht rechtzeitig erkannt
und war somit einfach über sie
hinweg gerannt.
Weil dieses Ereignis war
so tragisch und prägnant,
hat man zumindest
den Weg nach ihnen benannt.
Man kann somit nüchtern feststellen,
dass sie bis heute, über regionale
Grenzen hinaus, sind bekannt.

Es wollten sich die Turteltäubchen
für ewig binden,
waren sich einst begegnet
in der historischen Stadt Minden.
Sie trafen sich dort regelmäßig
auf einer Bank an einem Fluss
neben gutgewachsenen Linden,
ihre Initialen waren dort hinterlegt,
befanden sich in deren Rinden.
Ergänzten sich wunderbar
und hatten ein ähnliches Empfinden,
doch das Schicksal meinte es nicht gut,
sie drohten beide langsam zu erblinden.
Das visuell Wahrnehmbare
fing immer mehr an zu schwinden.
Die Bank war zwischenzeitlich im
Hochwasser verschwunden, sodass sie ihren
Treffpunkt konnten nicht mehr wiederfinden.
Bis heute hält sich das Gerücht,
weitergetragen von des Volkes
akustischen Winden,
dass sich ihre leblosen Körper
auf dem Grund der Weser befinden.

Es trafen sich
in einer üblen Spelunke,
Kater Kuno
und Ulf, die Unke.
Dazu gesellte sich noch Biber Bernd,
ein stadtbekannter, fieser Halunke.
Alle widmeten sich
einem hochprozentigen Trunke
und bestellten dazu Heringsfilet
in einer delikaten Tunke.
Tranken und schlemmten
bis sich entzündete ein Funke.

Kuno begann,
sich immer mehr zuzuknallen,
und fing zunehmend lauter
an zu lallen,
dass er habe weit und breit
die schärfsten Krallen.

Außerdem seien alle anderen
nur einfache Vasallen,
die sich hilflos ließen
alles gefallen,
und Ulf und Bernd
seien die Schlimmsten von allen.

Kaum hatte er
den letzten Satz ausgesprochen,
kam der Biber mit seinem Glas
schon torkelnd angekrochen.
Kurze Zeit später war das Gefäß
auf des Katers Haupt zerbrochen,
während die Unke hatte auf ihn
bereits mit einer Gabel eingestochen.
Die Stimmung schien immer mehr
zu eskalieren und hochzukochen,
dann versuchte zu intervenieren,
Jagdhund Jochen.

Schlichtend wirkte er
auf die Drei ein,
doch sollte dies leider nicht
von Erfolg gekrönt sein,
denn er wurde hinterrücks von Bernd
erschlagen mit einem Stuhlbein.
Nun war die randalierende Meute
wieder allein,
doch leider auch ohne Kuno,
der wurde von Ulf, ganz gemein,
totgeprügelt mit einer Flasche,
einst gefüllt mit edlem Wein.

Kneipier Dieter, der Dachs,
hatte schon längst verlassen den Raum,
in dem die Unke und der Biber
konnten ihre Emotionen
nicht mehr halten im Zaum.
Aus ihren Augen blitzte blanker Hass
und aus ihren Mündern
floss weißer Schaum,
wollten nur noch den Anderen
beseitigen, dabei kannten sie sich kaum.

So fingen sie an, blindlings
mit Gegenständen aufeinander einzuhauen,
bis sie schließlich beide leblos danieder
lagen und nicht mehr erwachen sollten
aus ihrem Alptraum.
Das alles nur, weil einer, bierselig und
übermütig, hatte überschritten der
Zurückhaltung und des Anstands Saum.

Die Allgegenwart, die plötzlich erstarrt

Es gibt sich mal wieder die Ehre,
Uwe Überall,
als wissbegieriger Globetrotter
kennt er sich aus in jedem kleinen Stall.
Schon bevor, für unsere Ohren
wahrnehmbar, irgendwo wieder
ertönt ein lauter Knall,
hat er bereits eruiert,
von woher genau kommt der Schall.
Selbst wenn er sich noch nicht auf dem
Spielfeld befindet, hat er längst getreten
gegen den Ball,
hat nebenbei auch die Täter dingfest
gemacht, bevor sie begehen können
den nächsten Überfall,
ohne, dass er dafür benötigt
eine Kugel aus Kristall.
Der Sack seiner Neugierde und seines
Tatendrangs ist ständig gefüllt, so prall,
mit unglaublichem Spürsinn und
gottgegebener Intuition löst er den
aussichtslosesten Fall.

Mit vehementer Beharrlichkeit und
beängstigender Willensstärke bricht er
auch das härteste Metall,
dabei immer im Dienste der
Allgemeinheit unterwegs, ohne Intervall.
Was andere von den Dächern pfeifen,
äußerst trivial,
intoniert er magisch virtuos
als Mensch gewordene Nachtigall.

Uwe hat mal wieder
jedes Steinchen umgedreht,
natürlich, wie es seinem Naturell entspricht,
ganz dezent und diskret.
Er möchte sich nicht der Gefahr
aussetzen, dass ihm etwas entgeht,
denn für alles, was es zu verkünden gilt, muss
er schließlich herhalten als weiser Prophet.
Selbst überzeugte Atheisten
nimmt er stets ins Gebet,
ist derjenige, der den wortgewandten
Germanisten immer wieder
buchstabieren muss das Alphabet.

Seine Anziehungskraft ist stärker
als jeder Magnet,
alles Gefallene ehrfurchtsvoll
vor ihm wieder aufsteht.
Selbst die größte Unverbindlichkeit
nimmt er in die Pflicht, ganz konkret.
Nur das Relevante wächst und gedeiht
in seinem schönen Beet.
Er bestimmt die Richtung,
in die sich dreht unser Planet,
sodass sich auch das Schicksal
unterordnen muss, seinem Dekret.

Eines Nachts hat der Uwe
von der Eingebung eine
konspirative Nachricht erhalten,
dass sich etwas Gefährliches
schon bald würde entfalten.
Dieses wäre imstande,
die Gesellschaft zu spalten,
und nur er könne diese Entwicklung
wirklich aufhalten.

Jetzt musste er selbstverständlich
schnellstens alles regeln und verwalten,
damit er alles im Sinne der Menschheit
noch könne passend gestalten.
Bügelte alles glatt, damit sich nichts
verstecken konnte in tiefen Falten,
dichtete alles hermetisch ab, nichts
durfte unbemerkt nach außen dringen
durch kleinste Öffnungsspalten.
Er musste neu evaluieren
die Teilung der Gewalten,
alle Gesetze waren obsolet,
die gerade noch apodiktisch galten.
Doch seine warnenden Laute
irgendwann verhallten,
als Leute einfach eine schwere Tür
hinter ihm zuknallten.
Er befindet sich jetzt im Nirgendwo,
bewacht von streng blickenden Gestalten,
in einer von den vielen
namenlosen Vollzugsanstalten.

Des Unbekannten Magie ist latente Energie

Gestern konnten des neu anstehenden
Tages zuversichtliche Gedanken
optimistisch
der Hoffnung schweren Karren ziehen.
Die Freude wurde gefüttert
mit vom Kopf geschlagenen Flanken,
unseres Glückes Leitungen
wurden geflutet mit Dopamin.

Vor kurzem konnten
der Zeit unverbrauchte Stunden
der Erwartung Raum
mit frohlockender Perspektive füllen.
Des Ungeschehenen lieblicher Geschmack
schien uns sehr zu munden,
der Zukunft schöne Muse war schon dabei,
sich langsam zu enthüllen.

Neulich noch schien der Vergangenheit
Mühsal sich vergänglich zu zeigen,
sodass die Leichtigkeit konnte erleichtert
alles Anstrengende ablegen.
Alles bereits verloren Geglaubte hatte den
Anschein, als wäre es bald wieder unser Eigen.
Das Starre wird erneut biegsam,
alles Feste lässt sich abermals bewegen.

Unlängst
sollte das gestrig schwer zu Erlegende
des Morgens leichte Beute sein,
war alles Vertane dazu da,
der neuen Chancen Spiegel zu polieren.
Der Trübsal schmutziges Gesicht
wischt die nahe Ferne wieder rein,
das jüngst noch schwer zu zähmende Raubtier
wird demnächst wieder parieren.

Alles Verblichene
muss des Kommenden weißer Wand
einen farbigen Anstrich verpassen,
denn nur durch das Verflossene
oder bisher nicht Erreichte,
kann uns der Zauber des Unverbrauchten
und Erreichbaren
immer wieder neu erfassen.

Als der Hofherr kurzfristig nicht mehr hofiert wurde

Auf einem Bauernhof gab es
eines Tages Unruhe unter den Tieren,
denn sie waren unzufrieden und wollten
sich deshalb gewerkschaftlich organisieren.
Die zunehmend schlechter werdenden
Umstände gingen den meisten an die Nieren.
Jeden Tag mussten sie ihre Leistung bringen
und nur noch funktionieren,
dabei mochten sie hin und wieder
auch mal pausieren,
doch wollte das Bauer Bernhard
einfach nicht kapieren.
Somit beschlossen sie,
sich untereinander zu solidarisieren,
um entschlossen die relevanten Standpunkte
in schriftlicher Form zu fixieren,
damit man dann gegenüber dem Landwirt
könne geschlossen argumentieren.
So machten sie sich dann gemeinsam auf
den Weg, die meisten auf ihren Vieren,
nur dem Federvieh
mussten zwei Füße reichen,
um den anderen hinterher zu marschieren.

Landmann Bernhard kam gerade aus seinem
Haus und wollte gehen etwas spazieren,
musste jedoch entsetzt feststellen, dass er
seinen Hof konnte nicht mehr passieren,
denn all seine tierischen Helfer
hatten sich positioniert,
um diesen zu blockieren.
Der Farmer schrie auf:
„Was sind denn das für Manieren?",
und versuchte seinen Viehbestand
wieder für die Arbeit zu motivieren.
Doch machten sie ihm schnell klar,
dass sie sich nicht würden
lassen abservieren,
und begannen damit,
die tierischen Grundgesetze zu zitieren,
griffen diese für ihre Argumentation auf,
um für ihre Rechte zu plädieren.
Der studierte Agronom stand voller Wut
da, drohte zu explodieren,
und merkte an, dass er sich nicht
irgendwelche Bedingungen lasse diktieren.

Sein Betrieb wäre doch vorbildlich
und er würde immer nachsichtig agieren,
dabei immer darauf bedacht,
auch Schwächen zu akzeptieren.
Indes war das Hofvieh schon dabei,
die ganzen Überstunden aufzuaddieren,
und die mitgebrachte Forderungsliste
zu editieren,
um diese dann dem Bauern
mit Nachdruck zu präsentieren.
Dieser war noch damit beschäftigt,
seine Sinne zu sortieren,
zeigte sich dann aber störrisch
und versuchte mit Härte
darauf zu reagieren.
Er warnte, dass alle würden
ihren kostbaren Arbeitsplatz verlieren,
wenn sie nicht umgehend sich wieder
an gewohnter Stelle würden platzieren.
Die Tiere fingen nunmehr an,
mit ihren mitgebrachten Stalldung
Bernhard zu beschmieren,
um ihn vor Ort und Stelle
bis auf die Knochen zu blamieren.

Sie wussten, um erfolgreich zu sein,
mussten sie etwas riskieren,
nur wer etwas wagt,
kann später reüssieren.
Die Situation schien langsam
immer mehr zu eskalieren,
denn der Bauer holte eine Forke,
um das Vieh damit zu attackieren,
ließ diese aber schnell wieder fallen,
als ein Bulle ihm drohte, ihn mit seinen
Hörnern zu traktieren.
Zu späterer Stunde kam allen
die Erkenntnis, dass man müsse
alles in Ruhe moderieren,
denn für den gemeinsamen Erfolg
müssten sie alle miteinander kooperieren.
Sie setzten sich dann zusammen,
um alle Abläufe neu zu strukturieren,
durch neue, verbesserte Regelungen
könnten in Zukunft alle davon profitieren.
Denn ohne die fleißigen Tiere
konnte der Bauer nichts produzieren,
und Bernhard war derjenige,
der den finanziellen Erfolg konnte generieren.

Ihnen kam die Erkenntnis dann, nur
wenn jeder zufrieden wäre, könne man
das eigene Dasein sublimieren.
Alle leisteten fortan ihren Beitrag,
um die Arbeitsbedingungen zu reformieren,
und so konnte sich der landwirtschaftliche
Betrieb als Vorzeigehof etablieren.
Hin und wieder sitzen alle noch
beisammen, um sich im nach hinein
über diese Anekdote zu amüsieren.

Schicksalsmelodien

Es pfeift aus dem letzten Loch
die Flöte Florian,
seit der Flötist Friedrich
nicht mehr richtig blasen kann.
Ihm macht die Luft zu schaffen,
denn sein Asthma schreitet schnell voran.
So fängt der Friedrich
schließlich das Trommeln an,
um sein Blasinstrument
zu entsorgen dann.
Dies wirft die Flöte
völlig aus der Bahn,
und sie
hat dann
unter Drogeneinfluss
im Wahn,
ihrem einstigen Begleiter
etwas Böses angetan.
Was einst so
klangvoll und harmonisch begann,
endet gar tragisch
mit einem toten Mann.

Nun erschallen im Knast
die Flötentöne von Florian,
und niemand weiß, ob diese jemals wieder
in Freiheit erklingen werden, irgendwann.

Paul, das Piano
hatte die Schnauze voll von der
Kneipenklimperei
und auch von dem allabendlichen Gegröle
und der Schreierei.
Jeden Tag musste es, schlecht gestimmt,
ertragen eine Schlägerei,
um anschließend wieder als Zeuge
verhört zu werden von der Polizei.
So war es schon
seit Längerem dabei,
sich eine neue Existenz aufzubauen,
ganz nebenbei.
Es wollte irgendwann
auswandern nach Uruguay,
weil es dort doch so schön
warm und musikalisch sei.

Jedoch war es finanziell
noch nicht ganz frei,
sodass es sich wenden musste
an einen üblen Kredithai.
Konnte jedoch eines Tages die Raten nicht
mehr zahlen und musste sich mit seinem
Gläubiger treffen an einem düsteren Kai.
Es wurde eines Tages gefunden
auf dem Grund eines Flusses, der Schlei.

Was machte das Kamedar in der Tali-Bar?

Es begegneten sich einst,
irgendwo in Nordafrika,
ein Kamel
und ein Dromedar,
saßen gemütlich nebeneinander
in einer Wüstenbar.
Sie hatten schon einiges intus,
und fühlten sich beide wunderbar,
konnten redselig schöpfen
aus ihrem großen Erlebnis-Reservoir.
Mit jedem weiteren Getränk wurden
die Sinne trüber, aber die Sicht
blieb trotzdem klar,
jubelten sich gegenseitig Geschichten
unter, in denen sich jedes nahm
als Held wahr.
Sie waren in krisengeschüttelten Gebieten,
dabei ständig in Gefahr,
natürlich waren sie auch dort,
wo das andere bereits schon war.

Das Kamel wurde zunehmend dreister,
agierte provokant und sonderbar,
und ließ an dem Dromedar
kein gutes Haar,
wollte dieses necken,
ganz offenbar.
Prahlte, dass nur zwei Höcker
wären wirklich zählbar,
und es sei mit seinem einzelnen doch
ein komisches Exemplar.
Darauf entgegnete dann
das Dromedar,
dass es ihm den Buckel runterrutschen
könne, ganz lapidar,
und bezeichnete es zudem als
einfaches Trampeltier mit
überschaubarem Vokabular.
Doch war sehr erstaunlich,
was daraufhin geschah,
denn das Kamel war durchaus
beeindruckt von dem frechen Kommentar.

So fanden sie immer mehr zueinander
und waren sich irgendwann sehr nah,
hatten jeweils des anderen Herz entdeckt
auf dem imaginären Liebes-Basar.
Es dauerte dann nicht einmal
mehr ein Jahr,
als die beiden traten
vor den Traualtar.
Das Dromedar später
ein Kind gebar,
welches hatte
drei Höcker sogar.
Es kreuzten sich einst die Wege von
diesem ungewöhnlichen Paar,
und durch die geschlechtliche Kreuzung
entstand dann ein Kamedar.
Dieses wanderte später aus
nach Kandahar,
wo es dann fand seinen späteren
Partner in der Tali-Bar.
Heute leben sie glücklich mit
einer großen Kinderschar,
in einem zoologischen Garten,
gelegen an der Saar.

Die Homogenität der Divergenz

Die Ferne ist so nah,
dass man die Nähe
kaum mehr vermisst.
Das Trübe ist so klar,
dass alles Durchsichtige
nicht zu sehen ist.

Laute schmeicheln dem Ohr,
obgleich diese werden nicht verstanden.
Begeistert wird durchschritten
das prunkvolle Tor,
obwohl kein willkommener Eingang
ist vorhanden.

Die Melancholie
bezirzt optimistisch die Sinne,
sodass die Freude schmollt.
Der Verlierer zählt stolz die Gewinne,
während sich der Sieger
schamvoll davon trollt.

Das Unbehagen gibt uns die Zuversicht,
die uns von der Geborgenheit
wurde genommen.
Alles Instabile nicht mehr länger bricht,
seit die Konsistenz ist
von ihrem geradlinigen Weg abgekommen.

Das Misstrauen traut sich wieder etwas zu,
hat sich überzeugend seinen Glauben
zurückgeholt.
Der Übermut ist nicht mehr der Filou,
der die Leitungen der Dezenz
hat falsch gepolt.

Alles Gute ist ein wenig schlecht,
wenn es nicht ausreichend positiv ist konnotiert.
Auch mit dem Unschönen
kommt man ausgezeichnet zurecht,
denn erst dadurch
wird das Angenehme wirklich sublimiert.

Hamster Klaus wollte zwischendurch nur mal kurz raus

Ein putziger Nager namens Klaus
wollte eines Tages
einmal aus seinem Hamsterrad heraus.
Nachdem er dieses vorangetrieben
hatte, tagein und tagaus,
ohne dafür zu bekommen
ein bisschen Applaus.
So schlich er sich eines Nachts
leise aus dem Haus,
und traf sich heimlich mit Erna,
seiner kleinen Maus.

Zusammen begaben sich beide
auf eine größere Reise,
doch hatten sie vergessen,
dummerweise,
einzustecken ihre
wichtigen Dokumente und Ausweise.
So mussten sie inkognito agieren,
ganz leise,
bis sie bekamen gefälschte Papiere
von einer ihnen bekannten Meise.

Die Mäuse-Polizei war ihnen schon
auf der Spur, doch fehlten
bis dahin noch die Beweise,
versuchten immer mehr
nachzuvollziehen
des Pärchens konspirativen Kreise.

Doch Erna und Klaus
war jetzt klar,
dass nach ihnen gefahndet wurde,
ganz offenbar,
auch der tierische Staatsschutz
hatte sie schon auf dem Radar.
Sie waren jetzt auf der Flucht
und in großer Gefahr,
denn für die Öffentlichkeit
waren sie ein dreistes Gangsterpaar.
Zuflucht fanden sie dann
bei einem Kater in Katar,
allerdings für ein
nicht zu knappes Honorar.

Nachdem sie dort endlich Ruhe
gefunden hatten, nach der langen Hatz,
schienen doch alle Strapazen
zu sein für die Katz,
denn sie wurden verpfiffen
von einem fiesen Spatz.
Diesem wurde versprochen,
ein riesiger Körnerschatz
und ein Ehrenmal
auf einem bekannten Vogelplatz.
Außerdem sollte er erwähnt werden,
in der morgendlichen Ausgabe des
Ornithologenblatts.

Das Ausreißer-Duo konnte sich jedoch
dem Zugriff entziehen,
und konnte abenteuerlich über die
Balkanroute nach Europa fliehen,
wo sie schließlich irgendwann landeten
im beschaulichen Tessin.
Dort trafen sie auf eine pelzige Drogenbande,
die handelte mit Amphetamin.

Deren Strukturen nutzten beide
als Neustart und Trampolin,
denn sie durften organisieren
den wöchentlichen Transport
nach Schwerin.

Die beiden possierlichen Tierchen,
die einst friedlich in die Ferne zogen,
waren, durch unglückliche Ereignisse
begünstigt, einmal falsch abgebogen,
und befanden sich plötzlich im Sumpf
der Kriminalität und Drogen.
Dabei hatten sie am Anfang
nur erwogen,
was ihnen damals wurde schmackhaft
gemacht in Reisekatalogen,
nämlich in weit entfernte Paradiese
zu gleiten auf weichen Wogen.
Leider hat das Fernweh Klaus und Erna
um ihr Glück betrogen,
denn ihre leblosen Körper landeten
irgendwann auf dem blanken Tisch
eines ernst dreinschauenden Pathologen.

Das Sofa, das sorgte für ein Eklat

Ein Stubensofa
fühlte sich eines Tages ganz matt,
war vom vielen Rumsitzen
furchtbar platt
und hatte auch
die langweilige Umgebung satt.
Also machte es sich auf den Weg
in die nächstgrößere Stadt,
in der es einst in einem Möbelhaus
erworben wurde, mit Rabatt.

Als Erstes traf es dort
auf eine Parkuhr,
wollte ihr erzählen, dass es stammt
aus einer edlen Manufaktur.
Doch war diese
wenig gesprächig und stur,
da sie stumpf verrichtete
ihren Dienst nur,
aber leider nicht mehr sehr lange,
da ein LKW sie dann überfuhr.

Völlig fertig setzte sich das Sofa
danach auf eine Bank
und genehmigte sich auf dieser erst mal
einen hochprozentigen Trank.
Die Bank sprach es an und stöhnte,
dass sie wäre mittlerweile ganz blank
und von der schlechten Luft
auch noch furchtbar krank.
Doch waren dies ihre letzten Worte,
bevor sie unter dem Gewicht des Sofas
zusammen sank.

„Warum ist alles, was um mich herum
passiert nur so dubios?",
seufzte das Sofa
und war völlig fassungslos.
Merkte dann überraschend
einen gewaltigen Stoß
und befand sich plötzlich
auf eines armen Mannes Schoß.
Dabei war dieser mit seinem Fahrrad
nur kurz vom Weg abgekommen, bloß.
Auf dessen Grabstein
wuchert nunmehr das Moos.

Das Sofa kehrte
traumatisiert zurück ins alte Heim
und wollte fortan
nur noch alleine sein.
Auf die schrecklichen Dinge
konnte es sich machen keinen Reim,
und ging mit der Zeit
immer mehr aus dem Leim,
bis es irgendwann brach unter der
schlimmen mentalen Belastung endgültig ein.
Einige Reste des Sofas wurden
wiederverwertet und leisteten ihren Beitrag
für einen nachhaltigen Totenschrein.

Eine Biene, die sich befand auf der falschen Schiene

Eines schönen Tages
entdeckte für sich die Biene Thea,
dass sie kein Honig länger sehen konnte,
denn diesen mochte sie nicht mehr.
An dessen Produktion beteiligt zu sein,
schätzte sie über einige Tage sehr,
doch jetzt brauchte sie keinen Blütennektar
mehr zum Verzehr.
Es müsste doch auch noch andere leckere
Sachen geben zum Dessert.
So machte sie sich auf die Suche, denn es
musste ein wohlschmeckender Ersatz her.
Aber des Anfangs leichtes Gewicht
wird mit zunehmender Dauer schwer,
denn auf der Straße des Neuen
muss man erst lernen, die Hinweise
zu beachten, die regeln den Verkehr.
Sie wollte dies konsequent durchziehen,
ihr Stolz verzieh somit keine Umkehr,
hatte sie in ihrem Bienenleben
doch alles gemeistert und bestäubt bisher.

Doch fühlte sie sich irgendwann
extrem antriebslos und leer.
Ihr geschwächter Körper
konnte sich kaum noch setzen zur Wehr.
Sie spürte plötzlich einen Drang
nach süßem Nektar,
den sie noch verschmähte kurz vorher,
und stürzte sich dann begierig und mit
letzter Kraft auf ein Blumenmeer,
konnte jetzt wieder auftanken
durch den regen Pollentransfer.
Thea erkannte für sich
und hatte daraus gelernt nunmehr,
manche, scheinbar triviale Entscheidungen
können durchaus sein folgenschwer.
Man sollte nicht unbedingt immer
nachgeben dem spontanen Begehr,
denn des Öfteren muss man dann dafür
bezahlen mit der Gesundheit oder gar dem
Leben hinterher.

Soll mich doch die Wahrheit Lügen strafen

Ach, wie ist es gar herrlich
mit dem Dichten,
denn am schönsten sind doch
die erfundenen Geschichten.
Sollen die Anderen meinetwegen
seriös berichten,
und die wahrheitsgetreue Realität
scharf belichten,
so möchte ich indes nicht
auf die spannende Erzählung
meiner Fantasie verzichten.
Mit den Steinen des Ersponnenen
lassen sich die tollsten Bauwerke errichten,
ohne, dass man dafür muss das
geringste Honorar entrichten,
und man muss sich
gegenüber keinem Amt verpflichten.
Kann einfach laut klagen,
außerhalb von Gerichten,
dass sich die eigenen Gedanken
nicht vernünftig lassen verdichten.

Und wenn mich der Türwächter
des Einfallsreichtums mal wieder
nicht herein lässt,
weil der Verstand sich gibt
schlechtgelaunt und gestresst,
dann findet sich irgendwo in einem fremden
Geiste immer ein passendes Manifest,
das man sich von anderen Denkern
mit sanften Mitteln hat erpresst.
Voller Stolz und Erhabenheit stellt man
sich dann auf das nächste Podest,
bis einen wieder herunter holt
der unsäglichen Wahrheitssucher Protest.
Diese hocken alle konspirativ
in ihrem aus Ehrlichkeit gebautem Nest.
Wenn mich dann die Chuzpe wieder
befreit aus der Anständigkeit Arrest,
sitze ich danach thronend auf
dem höchst gelegenen Geäst
und bin von meinen fabulierten
Erzählungen erneut überzeugt,
ganz felsenfest.

Bewusst ergeben, dem unbewussten Leben

Ein bisschen
bin ich hier,
aber etwas mehr
auch dort.
Es ist immer
ein kleiner Teil von mir,
während der andere
ist meistens fort.

Weiß nicht,
ob ich jemals war ganz
und ob ich wurde
vielleicht gebrochen.
Das Sein versteckt sich womöglich
hinter einer Monstranz,
die dem Leben
hat einst Wertvolles versprochen.

Kann ich
mein Reich beherrschen
oder herrscht es
über mich?
Wird meiner gehuldigt
mit prunkvollen Märschen,
oder gibt es eine geheime Verschwörung
gegen das eigene Ich?

Kann meine Wahrnehmung
meiner eingetrübten Sicht trauen,
wenn die Sinne
werden ständig malträtiert?
Bin wirklich ich derjenige,
der kann nach vorne schauen,
oder werde ich blindlings und hinterrücks
in die falsche Richtung geführt?

Das Bewusstsein
lässt uns viel erleben
und kann oftmals
Wichtiges benennen.
Doch häufig löst erst das Unbewusste
in uns aus ein emotionales Beben,
das dann den Wert unserer Gefühle
kann richtig erkennen.

*Unser Hier ist dein Woanders

Leider ist ein wunderbarer Mensch
zu früh von uns gegangen,
können diesen Verlust nur schwer begreifen
und immer noch nicht richtig fassen.
Wir fühlen uns ohnmächtig, sind in der
dunklen Kammer unserer Traurigkeit gefangen.
Du hast, trotz deines menschlichen Auftretens,
unmenschlich große Spuren hinterlassen.

Dein positives und eindrucksvolles irdisches
Wirken wird unser Gedächtnis konservieren,
bleibst uns dadurch erhalten und unser
ständiger, unsichtbarer Gast.
Durch stetiges Erinnern werden
wir dich nie aus den Augen verlieren.
Du wirst vom Himmelsthron auf uns achten,
von dem du eine einzigartige Aussicht hast.

Die Erde muss sich in Zukunft
leider ohne dich weiterdrehen.
Für uns, die dich kannten und schätzten,
bleibt in unserer kleinen Welt
eine riesige Lücke bestehen.
Auch wir werden eines Tages
von der Bühne des Lebens gehen,
und uns, von der diesseitigen Last des Seins
befreit, dann irgendwann, körperlos und
geistvoll, im paradiesischen Jenseits
wiedersehen.

*Im Gedenken an geliebten Menschen,
die leider nicht mehr unter uns weilen,
die aber trotzdem, nunmehr im
Verborgenen, ständig ihre
Aufmerksamkeit mit uns teilen.
(Unsere Erde ist euer Himmel)*